dtv

Don Osman hat wieder große Probleme. Seine Ehefrau Eminanim, die zweitgrößte Nervensäge des Mittleren Orients, die fünf Kinder, Frau Kottzmeyer-Göbelsberg von der Ausländerbehörde und sein Meister Viehtreiber aus Halle 4: alle versuchen, ihm den Alltag zur Hölle zu machen – obwohl er es sich doch viel lieber mit seinen Freunden auf dem »West-östlichen Sofa« gemütlich machen würde.

Das Alter Ego des Autors erzählt skurrile, lustige und spannende Geschichten, die den Leser direkt in seinen deutschtürkischen Alltag entführen. Er klärt uns auf, warum »Skinhääds« gerne Döner kaufen, türkische Barbiere nicht nur der Frisur schaden können und weshalb man in seiner Heimat ohne Seil zum »Banjiijampen« geht. Reichlich Tipps für türkische Neuankömmlinge in Deutschland gibt's natürlich auch: »Wenn du um 11 Uhr einen Termin hast, dann musst du auch um 11 Uhr da sein. Wenn du um 15 Uhr dort eintrudelst, gilt das hierzulande seltsamerweise schon als Verspätung.«

Osman Engin, 1960 in der Türkei geboren, lebt seit 1973 in Deutschland und ist studierter Soziologe. Er schreibt Satiren für Zeitungen, Zeitschriften und den Rundfunk. Bei dtv sind inzwischen seine Romane ›Kanaken-Gandhi‹ (20476) und ›GötterRatte‹ (20708) sowie die beiden Erzählbände ›Oberkanakengeil‹ (20631) und ›Don Osman‹ (20799) erschienen.

Osman Engin

West-östliches Sofa

Neue Geschichten von Don Osman

Deutscher Taschenbuch Verlag

Von Osman Engin
sind im Deutschen Taschenbuch Verlag erschienen:
Kanaken-Gandhi (20476)
GötterRatte (20708)
Oberkanakengeil (20631)
Don Osman (20799)

Originalausgabe
Juli 2006
Deutscher Taschenbuch Verlag GmbH & Co. KG,
München
www.dtv.de

Umschlagkonzept: Balk & Brumshagen
Umschlagbild: Til Mette
Gesetzt aus der Linotype Bodoni Book 10,25/13,5'
Satz: Greiner & Reichel, Köln
Druck und Bindung: Druckerei C. H. Beck, Nördlingen
Gedruckt auf säurefreiem, chlorfrei gebleichtem Papier
Printed in Germany
ISBN-13: 978-3-423-20908-3
ISBN-10: 3-423-20908-9

Inhalt

Ich bin Papst!

Frau Kottzmeyer-Göbelsberg und ich trennen uns!

Meine Lebensabschnittspartnerin von der Ausländerbehörde wird heute hoffentlich das Dokument unterschreiben, das unsere langjährige, innige Beziehung endgültig beendet.

Nach Jahrzehnten des Rackerns und Ackerns, Kommens und Gehens, der Tränen und Sirenen hängt heute alles von einem einzigen, letzten Deutsch-Lese-Test ab.

Als ein rückständiger Türke bin ich hierher gekommen, aber mit Allahs Hilfe und Frau Kottzmeyer-Göbelsbergs Erlaubnis werde ich diesen Raum als moderner Deutscher verlassen.

Vor Aufregung habe ich die ganze Woche kein Auge zumachen können und bin froh, dass der grausame Spuk heute endgültig vorbei sein wird.

Viele meiner deutschen Freunde, unter anderem der Abdullah, der Sadullah und Beytullah, trösteten mich damit, dass ich nach ein paar Tagen wieder normal essen, denken, schlafen und zur Arbeit gehen könne.

Ich weiß nicht, ob Sie es schon an den Namen gemerkt haben, aber Abdullah, Sadullah und Beytullah sind auch keine 100-prozentigen, reinrassigen Deutschen. Aber durch die drei hat sich die Zahl meiner deutschen Freunde und meine Akzeptanz in der deutschen Gesellschaft buchstäblich verdreifacht.

Erschrocken zucke ich auf dem Stuhl zusammen, als Frau Kottzmeyer-Göbelsberg wie immer schlecht gelaunt ins Büro kommt und energisch die Tür zuknallt.

»Was du wollen? Du Asyl?«

»Nein, ich Osman!«

»Du wollen deutsche Pass?«

»Ja, ich wollen!«

»Aber du kein Deutsch können!«

»Richtig! Ich hier nicht Deutsch können. Aber außerhalb der Ausländerbehörde, also da, wo man mich nicht dazu zwingt, dieses Tarzan-Deutsch zu verwenden, da spreche ich unter Umständen schon einigermaßen gutes Deutsch. Wenigstens kann ich mich im Alltag so artikulieren, dass ich mich so grade über Wasser halten kann. Aber wesentlich relevanter ist es nun einmal, wie Sie, liebe Frau Kottzmeyer-Göbelsberg, nach all meinen Konsultationen in den vergangenen Jahrzehnten in ihrer hochgeschätzten Behörde, meine aktuelle Sprachkompetenz beurteilen!«

»Ich dich nicht verstehen!«

»Ich schuld, ich nicht sprechen gut Deutsch wie Sie! Aber ich gut lesen, bitte heute machen Test.«

Frau Kottzmeyer-Göbelsberg macht die Schublade auf und knallt mit der Bildzeitung auf den Tisch. Um zu testen, ob die heutige Ausgabe ihren Anforderungen genügt, macht sie sich erstmal selbst über die Prüfungsdokumente her.

Ich halte diese Spannung nicht mehr aus und lese die ganze erste Seite in einem Atemzug laut vor:

»Wir sind Papst!«

»Du nicht Papst! Wir sind Papst!«, weist sie mich knallhart zurecht.

»Mit Allahs Hilfe ich gleich auch Papst.«

»Nein, du bestenfalls Ayatollah!«

»Ich will endlich lesen. Damit man mir wegen diesem Formfehler später nicht den Pass entziehen kann! Geben Sie mir wenigstens den Sportteil!«

»Nix Sportteil! Hier in Akte steht, du haben schon über zehn Bücher geschrieben. Also wirst du auch lesen können! Hier hast du Pass! Und raus mit dir!«

Bei Allah, die deutschen Beamten sind auch nicht mehr das, was sie früher mal waren!

Brötchen aus Neuseeland

Ich sehe aus, als wäre ich vom Esel gefallen. Mitteleuropäer können sich darunter, glaube ich, nicht viel vorstellen. Für die formuliere ich es verständlicher: Ich sehe aus, als hätte mich eine ganze Kamelherde niedergetrampelt. Oder um es noch deutlicher zu machen: Ich fühl mich so, als hätten mich vier Güterzüge gleichzeitig platt gewalzt. So sehe ich eigentlich jeden Sonntagmorgen aus, wenn ich spät ins Bett komme und frühmorgens von meiner Familie auf brutale Art und Weise geweckt werde.

»Los, Osman, raus aus dem Bett! Geh Brötchen holen, los, steh schon auf. Sieh zu, dass du zum Bahnhof kommst.«

»Ach, Eminanim, schick doch den Mehmet, ich bin so müde«, stöhne ich schlaftrunken.

»Red keinen Quatsch! Du weißt ganz genau, dass der Junge gerade erst ins Bett gegangen ist.«

»Der Kerl wird auch noch dafür belohnt, dass er sich die ganze Nacht in Discos rumtreibt, der Hundesohn!«

»So, so, wenn Mehmet also ein Hundesohn ist, was bist du dann als sein Vater?«

»Es ist noch so früh, ich kann nicht genau nachdenken. Mir geht's nicht so gut, wenn ich mitten in der Nacht geweckt werde. Ich fühl mich wie 'n Esel, den vier Güterzüge mit Kamelen überfahren haben.«

Um dem angedrohten Putzeimer mit kaltem Wasser zu entgehen, schleppe ich meinen armen, schwachen Körper ins Badezimmer.

Ich muss mich am Waschbecken festhalten, um nicht vor Schreck umzufallen, als ich diesen hässlichen Kerl im Badezimmerspiegel entdecke.

Diese Falten, diese ungepflegten Bartstoppeln, diese zerzausten Haare, die dicken Augen und ein total aufgequollenes Gesicht. Von den vielen Pickeln, Mitessern und Schnorrern ganz zu schweigen. Apropos Schnorrer: meine Tochter Hatice steht in der Badezimmertür und kreischt:

»Mamaaa, wer ist der hässliche Mann in unserem Klo? Habt ihr den Orang-Utan aus dem Zoo mitgebracht?«

»Hatice, wie oft habe ich dir gesagt, dass du keine Witze über deinen Vater machen sollst. Der ist an seinem Aussehen nicht schuld.«

»Eminanim, du siehst es doch selber, mit diesem Gesicht erkennt mich nicht mal mein eigenes Kind. Willst du mich wirklich, so wie ich aussehe, auf die Menschheit loslassen? Weck doch den Mehmet, der schläft bestimmt noch nicht.«

»Ich schick dich doch nicht zum Schönheitswettbewerb, sondern zum Hauptbahnhof. Da laufen so viele kaputte Typen rum, da fällst du kaum auf. Und indirekt tust du auch was Gutes für die armen Menschen dort. Denn wenn die verwahrlosten Kreaturen dich dort sehen, schöpfen sie bestimmt neue Lebenskraft. Nach dem Motto: Ich bin zwar völlig im Eimer, aber ein so armes Schwein wie der Kerl bin ich noch lange nicht.«

»Frau, ich bin Schlosser in Halle 4 und nicht Seelsorger bei der Bahnhofsmission. Und eine normal funktionierende Ehefrau hätte die Sonntagsbrötchen schon längst am Samstag besorgt.«

»Welche Frau funktioniert denn schon normal, wenn sie 25 Jahre real existierende Ehe abgesessen hat? Die meisten haben doch schon nach zwei Jahren alle Illusionen verloren.«

»Was meinst du denn mit real existierender Ehe?«, rufe ich, während ich mir die Zähne putze.

»Unsere natürlich, unsere Ehe ist doch wie die ehemalige DDR.«

»Wieso ist unsere Ehe wie die DDR? Wir hatten immer einen tollen Ford-Transit und nie einen popligen Trabbi.«

»Das ist hier doch genauso eine Zwangsgemeinschaft mit einer Mauer drum rum. Alles verlorene Jahre, ich darf gar nicht darüber nachdenken.«

»Bei Allah, du vergleichst die SED-Bande mit meiner glücklichen Familie?«

»Genau, rate mal, warum es eigentlich Familienbande heißt?«

»Eminanim, was ist denn los mit dir? Ist dir eine ganze Herde Läuse über die Leber gelaufen? Du hast doch sonst immer davon geschwärmt, dass Frau Krummsack 33 Jahre lang glücklich verheiratet war.«

»Stimmt, Osman, aber was ich dir verschwiegen habe, ist, dass sie diese glücklichen 33 Jahre mit acht verschiedenen Ehemännern verbracht hat.«

»Frau, was soll das denn am frühen Morgen? Hör endlich auf rumzunörgeln, ich gehe ja schon Brötchen kaufen.«

»Osman, du Ekelpaket, schau dir nur die neue Spiegel-Statistik über die Ehen in Deutschland an. Nach deren Untersuchungen sind 52 Prozent aller Ehen unglücklich. Weitere 15 Prozent werden als schlecht bezeichnet. 17 Prozent hingegen als nur widerwärtig. Vier Prozent wissen nicht mehr so genau, ob sie noch verheiratet oder schon geschieden sind.

Lediglich 12 Prozent werden als überaus glücklich definiert, und zwar deshalb, weil sich die Ehepartner bereits seit mehreren Jahren nicht mehr gesehen haben. Und so was Schlimmes wie dich haben sie nicht mal in die Statistik reingenommen.«

»Eminanim, was willst du damit andeuten? Willst du, dass ich jetzt Brötchen kaufen gehe, oder willst du, dass ich mich ein paar Jahre nicht blicken lasse?«

»Ja, das will ich!«

»Na gut, dann geh ich jetzt zu Fuß los, um Brötchen in Neuseeland zu kaufen.«

»Anstatt nach Neuseeland zu laufen, solltest du mich lieber fragen, warum ich heute Morgen so verärgert bin!«

»Warum soll ich denn nachfragen? Du brauchst keine Gründe, um verärgert zu sein.«

»Wie konnte ich nur auf so einen Trottel wie dich reinfallen? Hätte ich doch nur auf meine Mutter gehört. Ich hätte den Hasan heiraten sollen, den Sohn vom Großgrundbesitzer. Was hat er für mich nicht alles geboten! Fünf Kamele, drei Ziegen, vier Esel und einen Mercedes. Das war ein Mann! Und du? Du hast mir versprochen, mir die große, weite Welt zu zeigen, und wo bin ich gelandet? Im Karnickelweg 7b!«

»Eminanim, du machst hier einen Riesenaufstand für ein paar Brötchen. Du tust ja gerade so, als hätte ich unseren Hochzeitstag vergessen.«

»Darum geht es doch, du Trottel! Heute ist unser 25. Hochzeitstag, und du hast ihn wie immer völlig vergessen!«

Sonntagsbrötchen mit Soße

Es ist zehn Uhr morgens und ich werde mit diesen hässlichen Bartstoppeln, diesen zerzausten Haaren, dicken Augen, und dazu noch mit diesem total aufgequollenen Gesicht von meiner Frau gezwungen, am Sonntagmorgen beim Bahnhof Brötchen zu kaufen.

Verdammter Mist, wie konnte ich nur den 25. Hochzeitstag meiner Frau vergessen?!

Aber eigentlich ist es doch ganz normal, ich habe nämlich überhaupt keine Erfahrung auf diesem Gebiet. Das ist wirklich mein allererster 25. Hochzeitstag.

Na ja, zur Versöhnung werde ich Eminanim dreißig große, rote Brötchen, ich meine natürlich Rosen kaufen. Dieser Versprecher hat sicherlich was zu bedeuten. Rosen sind so was von unnütz, kein Mensch wird davon satt. Außer der Verkäufer.

Bei Allah, ist das da vorne nicht Erkek Fatma mit ihren drei Kindern? Die schlimmste Tratschtante in unserer Straße! Wenn die mich hier so verpennt sieht, dann weiß in fünf Minuten die ganze Stadt, dass ich sonntagmorgens noch hässlicher aussehe, als sonst.

Ich muss mich unbedingt verstecken, bevor ich von dieser lebenden Gerüchteküche auf zwei Beinen und ihren drei kleinen Radar-Satelliten entdeckt werde.

Ich mache schnell eine Kehrtwendung und laufe in die andere Richtung. Alle Geschäfte sind zu, und in die Straßenbahn einzusteigen, wäre reiner Selbstmord. Denn da stoße ich garantiert auf noch viel mehr Bekannte.

Ich entdecke ein Taxi und klettere schnell links hinten hinein. Und noch schneller steige ich rechts hinten wieder hinaus.

»Hey, Osman, lauf doch nicht weg, bleib doch hier«, höre ich den Taxifahrer Norbert rufen, der manchmal bei uns in Halle 4 als Aushilfe am Band arbeitet.

Am liebsten würde ich meinen Kopf wie der Vogel Strauß in die Erde stecken. Aber in dieser Stadt gibt's keine Erde mehr, alles ist zubetoniert. Schade, dass ich meine Sonnenbrille nicht mitgenommen habe. Aber welcher normale Mensch denkt schon bei einem solchen Mistwetter an eine Sonnenbrille.

Ich starte einen neuen Versuch, über Nebenstraßen zum Hauptbahnhof zu kommen. Eine Querstraße vor dem Hauptbahnhof entdecke ich Hasan, unseren Nachbarn, wie er zu seinem Auto geht. Ich drücke mich an einen Hauseingang, bis er endlich weggefahren ist.

Warum treffe ich eigentlich diese ganzen Leute gerade dann, wenn ich total hässlich bin und sie nicht sehen will? Aber wenn ich mal einen Bekannten suche, um mir Geld auszuleihen, dann ist die ganze Stadt wie ausgestorben.

Endlich bin ich auf dem Bahnhofsvorplatz. Hoffentlich ist die Schlange am Brötchenstand nicht so lang, und noch hoffentlicher kenne ich keinen von denen.

»Osman, bleib mal so stehen«, höre ich Bildzeitung-Zülküf in dem Augenblick hinter mir rufen, »ich will nur ein kleines Foto von dir machen.«

Ich habe den Zülküf tausend Mal gebeten, über mich auch

mal was Nettes in der Zeitung zu schreiben, und tausend Mal hat er abgelehnt. Und ausgerechnet heute will er mich fotografieren, der Hundesohn!

Nix wie weg, sage ich mir, renne um drei Ecken und stürze in die nächste offene Tür, die ich finde. Ich verstecke mich hinter einem Vorhang und sehe erleichtert, wie Bildzeitung-Zülküf mit seiner Kamera vorbeiläuft.

»Hören Sie mal, mein Herr, das ist hier keine Aufwärmhalle. Entweder Sie kommen ganz rein oder hauen ab!«

»Haben Sie vielleicht Brötchen?«

»Hier wird nicht gebettelt, du Penner! Raus!«

Zwei tätowierte Baddigarts werfen mich auf die Straße, noch bevor ich einen Ton sagen kann. Direkt vor die Füße von meiner schönen Nachbarin Renate und ihrer Freundin. Seit Tagen laufe ich stundenlang vor ihrem Haus auf und ab, um sie wenigstens einmal zufällig zu treffen, und ausgerechnet heute Morgen wirft man mich ihr zu Füßen.

»Was hat der Mann bloß gemacht, dass man ihn aus einem Pornoladen rausschmeißt?«, höre ich die Freundin fragen.

»So wie der Kerl aussieht, hat er wahrscheinlich eine Gummipuppe belästigt«, antwortet meine Angebetete.

Ich stehe auf und laufe ganz schnell zum Bäckerladen. Der Tag ist gelaufen. Das war mit Abstand das Schlimmste, was mir passieren konnte. Jetzt ist mir alles egal. Ist der Ruf erst ruiniert, lebt's sich völlig ungeniert, denn ein toter Esel hat keine Angst mehr vor den Wölfen.

Kaum habe ich die Brötchen bekommen, blitzen Scheinwerfer auf, und zwei Fernsehkameras stürzen sich auf mich.

»Herzlichen Glückwunsch, mein Herr! In diesem Jahr sind Sie hier der 100 000ste Kunde. Ist das nicht toll?«

In völliger Panik, ausgerechnet mit meiner Sonntagmorgen-

Visage vor die ganze Nation treten zu müssen, schnappe ich eine auf dem Boden liegende Alditüte und ziehe sie mir blitzschnell über den Kopf.

Oh Scheiße!! Ein Bahnhofspenner muss das Ding als Kotztüte benutzt haben. Die stinkende Soße läuft mir über Haare, Ohren, Schultern und Bauch bis zu den Füßen hinunter.

Einer der Reporter reißt mir vor surrenden Kameras die Tüte vom Kopf:

»Genieren Sie sich nicht, mein Herr, Sie wollen doch unseren Zuschauern nicht den glücklichen Gewinner vorenthalten, oder? Freuen Sie sich, Sie haben ein ganz tolles Jahresabo für Sonntagsbrötchen gewonnen! Wie fühlen Sie sich?«

»Ich fühl mich genauso, wie ich aussehe: wie frisch ausgekotzt!«

Trauerfeier

»Herzliches Beileid, Osman«, sagt mein guter Arbeitskollege Hans, der Staplerfahrer von Halle 4, als er mit tieftraurigem Gesicht und einem Kranz unter dem Arm unsere Wohnung betritt. Der Hans ist schon fast wie ein Familienmitglied für mich. Seit Jahren geht er bei uns ein und aus.

»Ich danke für dein Mitgefühl, Hans. Des Herrn Wege sind unergründlich. Es ist halt Gottes Wille, vielleicht ist es besser so«, begrüße ich ihn in tiefer Trauer.

Selbst Hatice, das respektloseste Kind, das ich je kennen gelernt habe, verhält sich dem Anlass entsprechend. Sie sammelt alle Einladungskarten ein, die wir für diese Trauerfeier verschickt haben, und kontrolliert die Tischordnung.

»Onkel Zafer, steh doch mal auf, das ist nicht dein Tisch. Tisch Nummer 2 ist ausschließlich für Arbeitskollegen reserviert. Du gehörst an Tisch Nummer 7 in Mehmets Zimmer. Da sind alle Nachbarn. Du sitzt rechts neben Herrn Nöllemeier, dem der Kiosk an der Ecke gehört.«

Wir wollten, dass nur ganz nahe Freunde und Verwandte bei uns sind. Auf gar keinen Fall wollten wir es riskieren, dass Personen, die die Verhältnisse nicht richtig kennen, unsere Andacht stören. Aber leider gibt es von derart unwürdigen Kreaturen immer wieder welche, selbst in der eigenen Familie. Ich reiße den Trauermarsch in der Technoversion aus dem CD-Player und rufe zu meinem Sohn Mehmet:

»Was soll denn das? Ich hoffe, du hast unseren Gästen nicht auch noch Ekstasy in den Kaffee getan!«

»Bin ich denn verrückt? Ich werde doch meinen teuren Stoff nicht an die Gruftis verfüttern!«

Ausgerechnet heute ist er zu Hause und ausgerechnet heute scheint die Sonne wie verrückt. Höchstens einmal im Jahr ist es in Deutschland brandheiß, und das genau an dem Tag, wo wir mit schwarzen Klamotten rumlaufen müssen!

Die Trauer und die Hitze liegen wie Blei in der Luft. Kein Mensch sagt was. Nur aus dem Schlafzimmer ist das herzzerreißende Weinen der fünf Klageweiber zu hören. Unter der Leitung von Oma Fischkopf, die über uns wohnt, wird gejammert und gestöhnt, was das Zeug hält. Im Rahmen der Nachbarschaftshilfe war es für sie selbstverständlich, meiner Frau diese Pflicht abzunehmen.

Nahezu 40 Leute sind in der Wohnung versammelt, und kein Mensch spricht. Selbst Eminanim verhält sich ruhig. Sie, die nicht mal damals bei der Beerdigung meiner Oma stillhalten konnte. Unser ganzes Heimatdorf trug gerade meine liebe Oma auf den Schultern von der Dorfmoschee zum Friedhof. Jeweils vier Männer mühten sich abwechselnd, den schweren Sarg auf dem steinigen Weg zu tragen. Als ich vorne rechts auch mal dran war, lief Eminanim ganz dicht neben mir. Auf dem holprigen Weg kam ich plötzlich ins Stolpern und wäre fast hingefallen. Aber im letzten Moment habe ich mich und den Sarg doch noch gefangen. Genau in diesem Moment rief meine Frau, die zweitgrößte Nervensäge des Mittleren Orients, für jedermann gut zu hören:

»Osman, wir wissen alle, wie sehr dich deine Oma liebte. Sie wollte dich immer bei sich haben, wo immer sie auch hinging. Ich glaube, jetzt versucht sie es wieder.«

Es klingelt, und noch mehr Gäste kommen.

»Ohne Einladungskarte kommt mir hier keiner rein«, schreit Hatice und versucht, einen Eindringling mit seinem Blumenstrauß rauszuprügeln.

»Osman, hilf mir doch«, ruft Herr Viehtreiber, mein lieber Meister von Halle 4, der anscheinend spontan und ohne Einladungskarte gekommen ist.

In dem Augenblick stürmen zwei Klageweiber aus dem Schlafzimmer und rufen:

»Herr Engin, wir hatten zwei Stunden Jammer- und Klagezeit vereinbart. Jetzt sind wir bereits eine Stunde über die Zeit. Entweder Sie bezahlen unsere Überstunden sofort, oder wir hören auf zu klagen; und jammern tun wir auch nicht mehr!«

Mein Meister tippt mir auf die Schulter und sagt:

»Sag mal, Osman, komme ich etwa ungelegen? Die Trauerschleife an der Tür hat mich etwas irritiert. Und jetzt sehe ich auch noch Klageweiber, die mit Streik drohen. Aber ich hatte eigentlich gedacht, dass hier groß gefeiert wird. Ich bin nämlich von der Firmenleitung geschickt worden, um deiner Frau eine Tapferkeitsmedaille zu überreichen. Für 25 Jahre Ehe! Bin ich etwa auf der falschen Veranstaltung?«

»Nein, Herr Viehtreiber, Sie sind schon richtig hier. Wir feiern gerade unseren 25. Hochzeitstag!«

Tag der Beschimpfung der deutschen Sprache

Heute ist der 25. September.

Ich habe den 25. September schon vor Jahren zum »Tag der Beschimpfung der deutschen Sprache« erklärt. In diesem Jahr wird über die verfluchten Artikel im Deutschen hergezogen. Diese ganzen unnötigen, völlig unlogischen und im Prinzip absolut unnötigen Artikel sorgen dafür, dass ich seit Jahren Höllenqualen erleide. Derjenige, der sich das ausgedacht hat, der hat ganze Generationen von Einwanderern ins Unglück gestürzt! Herr Konrad Duden, drehen Sie sich bitte in Ihrem Grab um, und schämen Sie sich.

Gestern habe ich eine neue Kurzgeschichte geschrieben. Auf den zwei Seiten waren insgesamt genau 325 Artikel zu finden. Diese nervigen der-, die-, das-Dinger tauchen vor jedem Wort wie ungebetene Gäste auf. Und hinterlistig, wie sie sind, auch öfters in umgewandelter Form.

Nun gut, der Schwachsinn hat auch positive Aspekte: Die Seite ist unheimlich schnell voll, und man bekommt mehr Zeilenhonorar. Aber dafür sieht der gedruckte Text richtig dämlich aus und klingt auch völlig bescheuert.

Armer Goethe, der musste Tausende von Gedichten in dieser grauenhaft starren und völlig unbeweglichen Sprache schreiben. Seine Tapferkeit und sein Ehrgeiz sind für mich bewundernswerter als die Gedichte selber. Ist doch kein Wunder, dass in Deutschland kein Mensch Gedichte mag. Jedem normalen Deutschen gehen sofort die Nackenhaare hoch, sobald er auch nur von weitem einen Text in Gedichtform sieht.

Im Türkischen gibt es keinen einzigen von diesen nervigen und lästigen Artikeln. Als ich damals im Deutschunterricht zum ersten Mal diesem absurden Kauderwelsch gegenüberstand, habe ich die Analphabeten von ganzem Herzen beneidet.

Vor meinem letzten Urlaub habe ich eines meiner Bücher mit seinen 280 Seiten ins Türkische übersetzt.

Erstens, um meine Mutter endlich ruhig zu stellen, und zweitens, um bei meinen alten Kumpels im Dorf damit groß anzugeben.

»Man kann doch läppische 12 Seiten nicht als vollwertiges Buch bezeichnen, das ist bestenfalls eine Mini-Broschüre«, lachten die Kerle hämisch. Selbst die Bedienungsanleitung von einem Videorekorder sei dicker.

Aber da kann ich nichts für! Als bei der Übersetzung ins Türkische endlich die ganzen nervigen Artikel rausflogen, hatte das Buch zum Schluss wirklich nur noch 12 Seiten. Um meine Mutter nicht zu enttäuschen, habe ich sie in den Dorfbrunnen geschmissen. Die Blätter natürlich, nicht meine Mutter!

Herr im Himmel, bitte, irgendjemand soll mir endlich erklären, warum deutsche Weiber nicht weiblich sind, sondern sächlich: Das Weib! Im Gegensatz dazu ist Tomate weiblich: Die Tomate! Wie pervers und krank im Hirn muss man sein, um eine Tomate weiblicher und erotischer zu finden als ein Weib? Die deutschen Mädchen sind sächlich: Das Mädchen! Dafür ist Gurke weiblich: Die Gurke! Kann mir bitte jemand sagen, was an einer Gurke weiblich sein soll? Wenn man auf

Teufel komm raus an einer Gurke irgendwas Geschlechtsspezifisches entdecken will, dann käme ich auf alles Mögliche, aber niemals auf weiblich.

Die Beschimpfung ist weiblich. Das kann ich nachvollziehen, das kenne ich von zu Hause. Aber warum alle Wörter mit einem »ung« am Ende weiblich sind, weiß der Geier. Und selbst da gibt's Ausnahmen. Und warum es die gibt, weiß auch keiner. Dieser Artikel-Wahnsinn geht sogar so weit, dass man ein und demselben Ding gleich drei verschiedene Artikel verpasst hat: Der Wagen, die Karre, das Auto!

Und mit diesen völlig unlogischen und willkürlich gewählten Artikeln wollen sie nun die neuen Einwanderer sogar zu einer Deutschprüfung zwingen. Die ganzen Ballermann-Touristen dürften nie wieder zurück nach Deutschland einreisen, wenn man den Test mit denen an der Grenze machen würde. Von den Schwaben, Sachsen, Ostfriesen und den Bayern ganz zu schweigen, die würden alle auf der Stelle ausgewiesen.

Was soll's, wenn ich's mir recht überlege, was interessiert mich schon die deutsche Sprache, was kümmert mich die Deutschprüfung der neuen Einwanderer? Ich sehe es ein, ich bin ohnehin nur ein Metöke!

Was, Sie wissen nicht, was ein Metöke ist? Dann schauen Sie doch mal bei Herrn Duden nach. Kommt aus dem Altgriechischen. Der Metöke ist ein zugewanderter Einwohner einer Stadt, also ein Einwanderer, der im Grunde ein freier Bürger ist, aber keinerlei politische Rechte hat.

Pisa-Test für Väter

Wie viele Pisas brauchen die Herrschaften da oben eigentlich noch?

Die ganze Welt weiß doch eigentlich schon längst, dass wir in Deutschland mit Abstand die dümmsten Kinder auf diesem Planeten haben. Reicht den Politikern das denn immer noch nicht?

Wann wird endlich überall in Deutschland die Ganztagsschule eingeführt? Mit Ganztagsschule meine ich aber wirklich Ganztagsschule; mindestens 24 Stunden lang! Und das sieben Tage die Woche!

Kaum komme ich nämlich völlig geschafft von der Frühschicht in Halle 4 nach Hause, da sitzt meine achtjährige Tochter Hatice schon längst putzmunter daheim. Das mit dem Sitzen ist natürlich nur eine Redewendung. Vielmehr tobt sie wie eine Irre unaufhörlich durch die ganze Wohnung und raubt mir den allerletzten Nerv! Den letzten hat sie mir schon gestern Abend geraubt.

Ich komme mir wirklich vor wie der letzte Depp des Landes! Kein Mensch, ich meine kein halbwegs intelligenter Mensch, macht mehr heutzutage ein einziges Kind, und ich Idiot habe mindestens 100 Stück davon!

Vielleicht sogar noch mehr, wenn man nach dem gegenwärtigen Lärmpegel urteilen sollte.

Der Mensch ist sich doch selbst am nächsten. Deswegen haben die Nachbarn schon längst aufgehört, mir Leid zu tun. Die haben ja problemlos die Möglichkeit, das Weite zu suchen und einfach umzuziehen, was die meisten schon längst getan haben.

Das habe ich auch schon mal probiert, aber Umziehen bringt bei mir wirklich nicht viel. Denn die ganzen Zwerge kommen einfach hinterher! Wie Hänsel und Gretel finden sie jedes Mal nach Hause zurück, egal wo man sie aussetzt. Ich habe den Verdacht, dass meine Frau mit denen unter einer Decke steckt.

Zu allem Überfluss hat Hatice heute auch noch zwei weitere Zwerge von ihrer Sorte mitgeschleppt: Nesrin und Lena! Vielleicht heißen die beiden aber auch Nusret und Lothar, ich kann sie nämlich bei dem Krach nicht verstehen, und bei der Kleidermode sind die Geschlechter ja schon längst nicht mehr auseinander zu halten.

Kein Mensch kann sie verstehen, weil sie ständig am Rotieren sind. Die rennen schon die ganze Zeit hin und her, von einem Zimmer ins andere, knallen die Türen zu, und dann das Ganze wieder zurück und immer wieder knapp an meinem Kopf vorbei; und somit mehrfach haarscharf an einem Kindermord!

»Hatice, jetzt hört endlich auf, treibt mich nicht in den Wahnsinn! Setzt euch hin und guckt Fernsehen«, brülle ich, so laut ich kann.

»Das geht nicht, du guckst doch die ganze Zeit was Doofes«, ruft sie.

»Hier, nimm die Fernbedienung. Ich guck auch, was ihr wollt. Wenn's sein muss, sogar die Biene Maja«, flehe ich sie an.

»Iiii-gitt, Biene Maja; wir sind doch keine kleinen Bäbies!«

»Okä, okä, war ja auch nur 'n Vorschlag. Ihr könnt gucken, was ihr wollt«, gebe ich auf und die Fernbedienung ab.

Kurze Zeit später stellt sich heraus, dass das absolut keine gute Idee war. Die reißen die Lautstärke bis zum Anschlag auf und zäppen unaufhörlich. Kein Programm ist mehr als eine Sekunde zu sehen.

»Hatice, das reicht, hört auf!«, brülle ich wieder. »Geht rüber in dein Zimmer, hockt euch vor den Computer, raucht Zigarren oder nehmt Drogen! Aber hört endlich mit diesem Lärm auf!«

Kaum eine Minute später lässt ein unglaublicher Knall das ganze Haus in seinen Grundfesten erzittern. Die drei haben Mehmets Stereoanlage so aufgedreht, dass alle Wände wackeln.

Von oben hämmert Oma Fischkopf gegen unsere Decke, und von unten brüllt Opa Prizibilsky wie am Spieß.

Ich rufe die Polizei, aber es ist besetzt! Die Nachbarn waren schneller als ich.

Ich trete und schlage mit beiden Fäusten gegen Mehmets Tür und schreie:

»Hatice, Hatice, das reicht! Hört auf, die schmeißen uns noch alle aus dem Haus!« Und bevor ich durchdrehe, drehe ich lieber die Sicherung raus.

Plötzlich ist es mucksmäuschenstill! Man hört nur noch, wie von allen Seiten die Nachbarn an unsere Wände klopfen und die Polizei mit eingeschalteter Sirene unser Haus umzingelt.

Wieso bin ich nicht früher auf diese Idee gekommen?

In dem Moment geht die Zimmertür auf, und Hatice springt mir in die Arme.

»Papa, du bist spitze, du bist echt klasse! Ich bin so stolz auf dich«, jubelt sie.

»Wie? Was soll das denn schon wieder heißen?«, stammele ich völlig verwirrt.

»Onkel Osman, wir haben heute mit unseren Vätern einen Wettbewerb veranstaltet«, erzählt Nesrin oder Nusret.

»In drei Disziplinen«, ergänzt Lena oder Lothar mit glänzenden Augen. »Erstens wie ein Irrer hin und her laufen und mit der Tür knallen, zweitens mit dem Fernseh-zäppen rumnerven, und drittens die Musikanlage auf volle Kanne stellen.«

»Und du hast in allen Disziplinen mit Abstand gewonnen«, klatscht Hatice Beifall, »du hast mit insgesamt einer Minute und 23 Sekunden den absoluten Weltrekord aufgestellt! So schnell wie du flippt kein Mensch aus! Voll irre, Papa!«

Telefonterror

Ich hab mich gerade von Halle 4 nach Hause geschleppt und liege total erschöpft auf dem Sofa. Plötzlich klingelt das Telefon und reißt mich aus meinen sanften Träumen. Ich quäle meinen müden Körper in den Flur zum Telefon:

»Sie Glückspilz, Sie!«, ruft mir die Frau vom anderen Ende gutgelaunt ins Ohr.

»Glück stelle ich mir anders vor«, stöhne ich, »Sie kennen ja die Halle 4 nicht, wo ich seit 30 Jahren arbeiten muss.«

»Doch, Herr Engin, kenne ich, deshalb nenne ich Sie ja auch Glückspilz«, kichert sie, »ab jetzt brauchen Sie nicht mehr zu arbeiten. Sie gehören zu den glücklichen Gewinnern unserer Klassenlotterie.«

»Aber ich hab doch an gar keinem Glücksspiel teilgenommen, das war bestimmt meine Frau«, stottere ich völlig verblüfft.

»Wir haben Sie trotzdem teilnehmen lassen an unserer Ziehung, und Sie haben das 1-Million-Euro-Paket gewonnen!«

»Was, ich hab 1 Million Euro gewonnen?«, schreie ich und knalle mit dem Kopf voll gegen das Regal.

»Herr Engin, Sie müssen nur noch an der Endziehung teilnehmen, dann bekommen Sie Ihre Million. Deshalb haben wir speziell für Sie ein Extrapaket mit ihren persönlichen Losen zusammengestellt.«

Meine Tochter Nermin haut plötzlich auf das Telefon und

unterbricht mein Gespräch, frech wie sie nun mal ist, so einfach mir nichts dir nichts mitten im Satz.

»Nermin, bist du verrückt geworden?! Das war das wichtigste Gespräch meines Lebens. Ich hab gerade 1 Million Euro gewonnen! Wie soll ich die gute Frau jetzt wieder finden?«, schreie ich kochend vor Wut.

»Papa, mach dir keine Sorgen, die findet dich schon wieder«, versucht sie mich zu beruhigen. Und in der Tat, im gleichen Moment klingelt schon wieder das Telefon. Ich stürze mich drauf, die junge nette Frau ist erneut am Apparat:

»Herr Engin, wir sind leider eben kurz unterbrochen worden. Ich gratuliere Ihnen noch mal zu Ihrem hervorragenden Gewinn. Sie sind ein echter Glückspilz!«

»Wann kriege ich die Million?«

»Wie gesagt, Sie brauchen nur für Ihr persönliches Paket die 500 Euro zu überweisen …«

Nermin zieht diesmal einfach den Stecker aus der Wand.

»Papa, du bist echt 'n Grünschnabel, du hast wirklich keine Ahnung von gar nichts. Wir kriegen täglich zwei Dutzend solcher Anrufe, dass wir Millionär geworden sind, ein Dutzend BMW, Mercedes, Porsche gewonnen haben, und dass wir den Gangstern nur eine ganz kleine Anzahlung rüberschicken brauchen. Glaub mir, dein eigentliches Glück ist, dass du dich vor diesem unverschämten Telefonterror jeden Tag in der Halle 4 verstecken kannst.«

»Du meinst, ich hab in Wirklichkeit gar keine Million gewonnen?«

»Natürlich nicht, Papa! Du fällst echt auf jeden Mist rein!«

Das war vor sechs Monaten. Da war ich noch blutjunger Anfänger, was Werbeanrufe angeht. Aber nach dem hundertsten Mal innerhalb weniger Tage wurde selbst ich klüger.

»Junger Mann, halten Sie die Luft an, ich bin müde, ich bin kaputt, ich bin krank und ich hab überhaupt keine Zeit, solche schwachsinnigen Werbegespräche zu führen, haben wir uns verstanden«, schreie ich in den Hörer.

»Herr Engin, das ist überhaupt kein Werbegespräch«, ruft er zurück.

»Was ist es denn dann?«, frage ich ungehalten.

»Jedenfalls keine Werbung«, brüllt er mich an.

»Also gut, ich höre zu«, zwinge ich mich zur Ruhe.

»Unsere Firma, die Nord-West-Lotterie …«

»Na, ist das keine Werbung, hä?«, flippe ich aus. »Ständig werde ich terrorisiert von der Nord-West-Lotterie, Süd-West-Lotterie, Ost-Ost-Lotterie, Oben-Unten-Lotterie! Firma Gunther, Firma Klaus, Firma Dingsbums … Ihr geht mir auf den Wecker!«

»Wenn Sie unsere Infos nicht telefonisch wollen, dann kriegen Sie die Unterlagen eben mit der Post zugeschickt, ist mir doch egal«, sagt er unwirsch und knallt den Hörer auf.

Kaum habe ich auch aufgelegt, klingelt das Telefon schon wieder:

»Ich will nichts kaufen!«, brülle ich in den Apparat.

»Herr Engin, ich rufe an …«, versucht eine Verkäuferin sich erneut Gehör zu verschaffen.

»Ich hab genug Millionen«, brülle ich weiter, »ich weiß nicht mehr, wohin mit so viel Geld! Dazu habe ich 20 Mercedesse und 30 BMWs! Das reicht, mehr passen in meine Garage nicht mehr rein! Also lassen Sie mich in Ruhe, ich will wirklich nichts kaufen!«

»Herr Engin, eigentlich wollte ich was von Ihnen kaufen. Ich rufe von der Redaktion an. Ich wollte Sie fragen, ob Sie was für uns schreiben können?«

»Worüber soll ich denn was schreiben?«, frage ich immer noch ziemlich aufgeregt.

»Über diesen unglaublichen Telefonterror, dem man durch diese Werbefirmen tagtäglich ausgesetzt ist!«

»Mach ich«, brülle ich immer noch ungehalten, »niemand kann das besser als ich. Dafür muss ich nur noch den Stecker rausziehen und mich etwas beruhigen!«

Hai-und-Co

In den letzten 12 Monaten hat vermutlich jede einzelne Firma in Deutschland sich bei mir persönlich telefonisch vorgestellt, und mich damit sehr stolz gemacht.

Ob das nun die West-Süd-Lotterie, Oben-Unten-Lotterie, Firma Günther oder Firma Knuthilde ist. Sogar Firmen, die nach Indien oder nach China ausgewandert sind, um auch den sehr jungen Menschen in der Dritten Welt eine faire Chance auf Arbeit zu geben, rufen bei mir an.

Nach über einem Jahr schätze ich mich dann aber doch nicht mehr so glücklich und stolz, sondern eigentlich nur noch unglaublich genervt, wenn ich regelmäßig beim Essen, Duschen, Schlafen oder beim Fernsehgucken brutal gestört werde und eine dämliche und unverschämte Stimme den ewig gleichen Satz ruft:

»Herr Engin, Sie haben was gewonnen! Sie können sich sehr glücklich schätzen, dass unsere Firma Dummdideldei-Dingsbums ihnen ein Geschenk überreichen möchte ...«

Einerseits habe ich Verständnis, dass diese Leute ihren Job machen, andererseits belästige ich ja auch niemanden, wenn ich in Halle 4 arbeite.

Deswegen habe ich den Spieß jetzt ganz einfach umgedreht.

Ich brülle nicht mehr »Lassen Sie mich in Ruhe« oder »Ich werde Sie wegen Ruhestörung anzeigen!« und knalle den Hörer auch nicht mit hochrotem Kopf wütend auf die Gabel. Nach zwei Minuten rufen die sowieso wieder an.

Deshalb antworte ich genauso freundlich und schleimend zurück:

»Das ist ja wunderbar, Frau Meierdierks, dass ihr Kreditinstitut Hai-und-Co endlich mal auch an mich denkt!«

»Das ist ja schön, Herr Engin. Es wäre für Sie von großem Vorteil, wenn Sie sofort zu unserem Hause wechseln würden.«

»Jaaa, ich wechsle!«

»Hervorragend, sehr schön, Herr Engin! Was hatten Sie denn vorher?«

»Vorher hatte ich Volksmusik.«

»Sie meinen doch Volksbank, nicht wahr?«

»Nein, Volksmusik! Meine Frau meinte gerade, ich soll die CD wechseln, sie kann diese Volksmusik nicht mehr hören, und ich hab gesagt, ja, ich wechsle. Ich rede gleichzeitig mit meiner Frau Eminanim, müssen Sie wissen. Was hatten Sie eigentlich gesagt?«

»Ob Sie zu unserem Institut Hai-und-Co kommen würden, wollte ich wissen.«

»Klar, ich komme sofort!«

»Prima! Herr Engin, dann darf ich wohl noch einige Fragen an Sie …«

»Entschuldigen Sie, meine Frau wollte, dass ich sofort in die Küche komme. Jetzt bin ich wieder da. Aber entschuldigen Sie bitte, weswegen hatten Sie noch mal angerufen?«

»Herr Engin, ich wollte Ihnen von den sehr günstigen Krediten unseres Instituts Hai-und-Co berichten und Sie dazu ermuntern, von unserem aktuellen Angebot Gebrauch zu machen. Kennen Sie eigentlich Hai-und-Co?«

»Ja, so fremd ist sie mir nicht!«

»Toll, Herr Engin, Sie kennen uns also schon?«

»Öh, Entschuldigung, Frau Meierdierks, wie gesagt, ich rede gleichzeitig mit meiner Frau, und sie wollte wissen, mit welcher fremden Person ich rede. Und da hab ich gesagt, so fremd ist sie mir nicht. Ich weiß doch sogar Ihren Namen, nicht wahr, Frau Meierdierks? Das gibt's doch nicht, jetzt will meine Frau auch noch wissen, warum Sie anrufen. Sie ist schrecklich eifersüchtig, müssen Sie wissen. Aber am besten erzählen Sie ihr doch selber, weswegen Sie anrufen.«

»Herr Engin, ich erkläre Ihnen seit einer halben Stunde, dass unser Institut zurzeit sehr günstige Kredite anbietet. Für einen eventuellen Wechsel bieten wir Ihnen hervorragende Konditionen, die Sie bei keinem anderen Kreditinstitut bekommen würden. Obwohl unser Haus erst seit kurzem auf dem Markt ist, haben wir weltweit die besten Angebote ...«

»Es tut mir Leid, Frau Meierdierks, aber meine Frau möchte doch nicht mit Ihnen reden. Sie hat mir den Hörer einfach wieder zurückgeschmissen. Wie gesagt, sie ist sehr eifersüchtig, was fremde Frauen betrifft. Aber Sie können mir trotzdem von Ihrem Anliegen erzählen, ich höre sehr gerne gespannt zu.«

»Herr Engin, Sie wollen sich doch sicher mal was Schönes gönnen, nicht wahr? Und dafür brauchen Sie Geld. Und unser Bankhaus Hai-und-Co hat extra für Sie sehr, sehr günstige ...«

»Haaticee, mach endlich den Fernseher leiser! Ich verstehe ja kein Wort hier, was die nette Dame Meierdierks erzählt. Siehst du nicht, dass ich am Telefonieren bin?! Ach, entschuldigen Sie, Frau Meierdierks, setzen Sie bloß nicht so viele Blagen in die Welt wie ich. Nicht mal zwei Minuten kann man hier in Ruhe mit netten Leuten telefonieren. Naja, aber was war noch mal Ihr Problem, Frau Meierdierks? Ich glaube, Sie wollten mir Fisch verkaufen …«

»Neeein, die Firma Hai-und-Co …«

»Ach ja, Sie verkaufen Haie. Aber ist das nicht gefährlich für eine nette Dame wie Sie, mit blutrünstigen Tieren zu handeln? Schmeckt der Haifisch eigentlich so wie der Thunfisch? Dann würde ich gerne zehn Dosen kaufen.«

»Mensch, ich drehe gleich durch! Ich wollte Ihnen doch nur Kredite andrehen … ich meine …«

»Stimmt, jetzt fällt es mir wieder ein. Aber wie kann ich Ihnen denn dabei behilflich sein?«

»Herr Engin, das reicht mir langsam! Ich kann nicht mehr! Ich hab meine Zeit auch nicht gestohlen! Ich hab absolut keine Lust, Ihnen hier alles hundert Mal zu wiederholen. Ich erkläre Ihnen jetzt zum letzten Mal die Vorzüge unseres Kreditinstitutes Hai-und-Co. Also, bei einem eventuellen Wechsel zu unserem Haus würden Sie von uns, nur diese Woche, wohlgemerkt nur diese Woche, sehr günstige Schnäppchen-Kredite bekommen, womit Sie sich nach Herzenslust was sehr Schönes gönnen können. Ob eine neue Musikanlage, ein neues Auto oder eine hübsche Reise …«

»So, jetzt bin ich wieder da, Frau Meierdierks. Unsere Katze hatte sich den Schwanz eingeklemmt. Und ich hab mit meiner Frau gesprochen, wir wollen doch fünf Lose kaufen.«

»Was wollen Sie?«

»Wir wollen fünf von Ihren Lotterielosen haben. Soviel ich verstanden habe, sind Sie doch von der Firma Süd-östliche-Klassenlotterie, nicht wahr? Oder war das Ihre Kollegin von vorhin?«

»Nein, unser Haus hat mit Glücksspiel absolut nichts zu

tun! Eigentlich wollte ich Sie dazu bewegen, wegen der günstigen Kredite, die wir zurzeit vergeben, zu uns zu wechseln. Aber jetzt habe ich überhaupt keine Lust mehr dazu. Bleiben Sie da, wo Sie sind! Sie, Ihre eifersüchtige Frau und Ihre bescheuerte Katze können uns gestohlen bleiben ...«

»Entschuldigung, die letzten Sätze habe ich nicht ganz verstanden, Frau Meierdierks. Ich bin hier gleichzeitig auch mit Staubsaugen beschäftigt, wissen Sie. Gleich kommen unsere Nachbarn, und meine Frau meinte, in diesem Saustall kann man keine Gäste empfangen. Also hab ich gedacht, wenn ich schon am Telefonieren bin, kann ich auch eine Runde staubsaugen. Sie wollen also wissen, ob ich Mittwochslotto spiele, nicht wahr?«

»Mensch, ich drehe gleich durch! Gehen Sie endlich aus der Leitung! Lassen Sie mich in Ruhe! Ich will kein Wort mehr von Ihnen hören!«

»Verzeihung, Frau Meierdierks, ich bin jetzt wieder am Apparat. Die Nachbarn von nebenan hatten geklingelt, ich musste die Tür öffnen, wissen Sie. Aber ich hab eine gute Nachricht für Sie. Mein Nachbar Ahmet hat gesagt, er möchte von Ihnen auch zwei Rheumadecken kaufen!«

Arabischer Teppich aus Thailand

Diese Werbeagenturen, die nur Schwachsinn verkaufen wollen, lassen jeden Tag bei mir das Telefon klingeln. Aber jetzt sitzt nicht mal ein Mensch am Apparat, sondern sie lassen von Robotern ihre hässlichen Anrufe erledigen. So dass man keine Chance hat, eine Gegenfrage zu stellen oder laut mit ihnen zu schimpfen.

Aber bei mir zieht diese Masche natürlich auch nicht! Schon bei dem zweiten Wort knalle ich den Hörer auf die Gabel. Was glücklicherweise auch viele positive Nebenwirkungen hat: Wenn meine Schwiegermutter nämlich ein paar Tage später aus der Küche vorwurfsvoll ruft:

»Osman, du hast mir in dieser Woche genau zwölf Mal den Hörer ins Gesicht geknallt! Das ist aber nicht nett!« Dann kann ich immer noch völlig unschuldig tun und sagen:

»Oh, liebe Schwiegermama, das tut mir aber wirklich Leid. Ich bin garantiert davon ausgegangen, dass du ein blöder Werbeanruf bist! Du hast aber auch eine sehr spezielle Stimme, muss ich sagen. So kalt und mechanisch, und sprichst auch wie eine Roboterin! Das kann man leicht verwechseln.«

Aber der Feind schläft natürlich nicht!

Damit ist ausnahmsweise mal nicht meine Schwiegermutter gemeint, sondern diese unverschämten Abzocker am Telefon. Meine Schwiegermutter belästigt mich natürlich auch ständig, aber das ist nicht unser heutiges Thema.

Wie gesagt, der Feind schläft nicht und hat sofort Gegenstrategien entwickelt.

Von meinem Kollegen Hans erfahre ich nämlich in der Mittagspause in Halle 4, dass die ganzen Firmen, denen er in den letzten Monaten, genau wie ich, den Hörer ins Gesicht geknallt hat, plötzlich irgendwelche leibhaftigen Vertreter schicken, die noch dreister sind als ihre Kollegen am Telefon.

»Osman, mein Freund, wenn die erstmal einen Fuß im Türspalt haben, dann saugen sie dich aus wie ein Blutegel, das sag ich dir! Und zerquetschen kannst du deren Füße auch nicht, weil die neu entwickelte, extrem stabile Vertreterschuhe mit Stahlgehäuse tragen.«

Nach der Schicht fahre ich wie auf einem spitzen Dorn sitzend nach Hause. Nein, nein, ich bin immer noch mit meinem Ford-Transit unterwegs, aber auf Türkisch will man damit andeuten, dass man sehr beunruhigt ist, weil jederzeit was Unangenehmes passieren kann.

Kaum bin ich durch die Wohnungstür, brülle ich warnend:

»Eminanim, diese Gauner lassen jetzt nicht nur das Telefon klingeln, sondern läuten mittlerweile mit Stahlschuhen auch an der Wohnungstür! Sieh dich bloß vor!«

»Osman, heute hat aber schon ein Teppichhändler hier geklingelt!«

»Bloß nicht die Tür aufmachen!«

»Hab ich aber schon!«

»Bloß nicht reinlassen!

»Hab ich aber schon!«

»Bloß nichts kaufen!«

»Hab ich aber schon!«

»Waas? Du hast schon gekauft?«

»Ja! Das war so ein freundlicher junger Mann, das kannst du dir gar nicht vorstellen. Und der hat dieses neue Prachtexemplar von einem Teppich, das du hier im Wohnzimmer siehst, extra für uns aus Arabien bis hierher getragen. Und das Tollste daran ist, diesen hübschen, wertvollen, handgeknüpften Orientteppich hat er uns für nur 1000 Euro überlassen.«

Noch bevor ich den Teppich näher begutachte, spüre ich bereits sehr schmerzhaft, wie sich der Dorn ganz tief in mein Fleisch gebohrt hat.

»Eminanim, schau mal, was hier steht. Seit wann gehört denn Thailand zu Arabien? Dieses kleine Kunststoffdeckchen ist doch bestenfalls 10 Euro wert!«

»Wirklich? Meinst du? Aber wenn du Recht hast, dann habe ich ja den armen Mann reingelegt. Das tut mir Leid. Das wollte ich aber wirklich nicht!«

»Für einen halben Quadratmeter Plastik bezahlst du 1000 Euro, und es tut dir auch noch Leid, den Mann reingelegt zu haben? Der Einzige, den du reingelegt hast, das bin ich! Ihr beide zusammen habt mich ruiniert und reingelegt!«

»Nein, den Teppichhändler meine ich doch nicht. Kurz nachdem er weg war, hat gleich ein Versicherungsvertreter an der Tür geklingelt.«

»Bloß nicht die Tür aufmachen!«

»Hab ich aber schon!«

»Bloß nicht reinlassen!«

»Hab ich aber schon!«

»Bloß nichts unterschreiben!«

»Hab ich aber schon, Osman!«

»Waas, du hast schon unterschrieben?«

»Ja, deshalb tut der arme Mann mir ja so Leid! Weil er all

unsere Sachen für nur 350 Euro im Monat versichert hat. Und da ist der neue arabische Teppich mit drin.«

»Bei Allah, hoffentlich bekommen wir gleich noch einen Hausierer in Form eines sehr guten Rechtsanwalts hier reingeschneit«, rufe ich und lasse mich erschöpft auf meine Couch fallen.

»Eminanim, was geschehen ist, ist geschehen, kann man nichts machen. Dann haben wir jetzt halt für 1000 Euro einen blöden 10-Euro-Plastikteppich, den wir auch noch für 350 Euro monatlich versichert haben, was soll's! Diese Betrüger haben eine noch viel hinterhältigere Masche, um die armen Menschen über den Tisch zu ziehen, musst du wissen. Fall wenigstens in Zukunft nicht auch noch darauf rein. Hans hat erzählt, dass die Gängster bei ahnungslosen Hausfrauen anrufen und sich für einen nahen Verwandten ausgeben, der plötzlich in eine sehr schlimme Notlage geraten ist ...«

»Apropos Anruf, Osman, da fällt mir was ein. Gut, dass du mich daran erinnerst. Dein Cousin Feyyaz hat nämlich heute Morgen aus der Türkei angerufen. Deren Wohnung ist gestern Nacht komplett abgebrannt. Er und seine Frau stehen mit acht Kindern mitten im Winter plötzlich wortwörtlich mit nichts auf der Straße. Da habe ich mir gedacht, dass wir doch in einer so tragischen Situation wenigstens 5000 Euro ...«

»Nix da! Bloß kein Geld rüberschicken!«

»Brauchen wir auch nicht. Dein Cousin hat gleich einen Bekannten zu uns geschickt, der zum Glück rein zufällig heute von Deutschland in die Türkei fliegt ...«

»Und dem hast du bestimmt das ganze Geld in die Hand gedrückt, nicht wahr, mein Engel?«

»Ja, natürlich! Der junge Mann war sehr nett und wollte das Geld gleich heute Abend bei deinem Cousin Feyyaz im Dorf abgeben. Das nennt man doch Glück im Unglück, nicht wahr, mein Engel?«

»Eminanim, ich fass es nicht! Ich drehe gleich durch! Bei Allah, ich hab doch überhaupt keinen Cousin, der Feyyaz heißt! Bei uns im Dorf gibt es überhaupt niemanden, der so heißt! Ab sofort habe ich auch keine Ehefrau mehr; ich lasse mich scheiden!«

Barbier Bekir

»Osman, du siehst ja wieder wie 'n Penner aus! Geh doch endlich zum Frisör!«, schimpft meine Frau wie immer, nachdem ich mir vor ein paar Tagen die Haare habe schneiden lassen.

»Ja, ja, ich gehe gleich morgen«, antworte ich auch wie immer in so einem Fall.

Das ist ein ritueller Dialog bei uns in der Familie.

Zwei Wochen, nachdem ich beim Frisör war, fängt Eminanim pünktlich mit ihren Ermahnungen an. Wie sehr ich doch die glücklichen Männer beneide, die entweder überhaupt keine Haare mehr auf dem Kopf oder gar keine Frau mehr zu Hause haben. Ich habe leider von beidem noch etwas.

Nach weiteren zwei Wochen ist mein Erscheinungsbild für meine Frau anscheinend völlig unakzeptabel und unerträglich geworden. Wild entschlossen schleppt sie mich höchstpersönlich zum ... nein, nein, nicht zum Scheidungsrichter, so leicht komme ich nicht davon, sondern zu meinem Frisör. Und wartet sicherheitshalber so lange in der Ecke, bis meine ersten Fussel auf dem Boden landen, und verschwindet dann mit einem glückseligen Lächeln im Gesicht aus dem Laden. Der ist in Wirklichkeit aber gar kein richtiger Frisörladen, sondern ein kleines, schäbiges Hinterzimmer eines türkischen Cafés, das sich nicht mal einen Spiegel leisten kann.

Unser Barbier Bekir hat sein Handwerk noch in der Türkei gelernt; nach seinem Schnitt zu urteilen ganz oben in den

Bergen bei den Schafen. Und dementsprechend kann er alles: Er ist Tiermediziner, Orthopäde, Psychologe, Künstler und Zahnarzt in einem. Ein ganz klein bisschen Frisör ist er nebenbei natürlich auch noch. Aber im Gegensatz zu den deutschen Frisören ist er kein bisschen schwul! In Deutschland ist für Männer die Homosexualität eine der wichtigsten Voraussetzungen, um das Frisör-Diplom zu bekommen.

Es gehört zu meinen Lieblingsbeschäftigungen, während mir die Haare geschnitten werden, zu schlafen. Eigentlich erzählt Bekir immer tierisch lustige Geschichten aus seinem früheren Leben, als er noch Schafe gezüchtet hat, aber an der Stelle, wo er alle seine Lieblingsschäfchen aufzählt, schlafe ich immer wieder ein.

Ich fing wohl an, zu laut zu schnarchen, und Bekir weckte mich mit der Botschaft, dass ich es für heute überstanden habe.

Froh, auch diesmal mit beiden Ohren davongekommen zu sein, gehe ich fröhlich pfeifend raus.

Auf der Straße spuckt mir ein kleiner türkischer Bengel frech vor die Füße. Zwei türkische Mädchen strecken mir unverschämt ihre Zungen heraus. Ein anderer streckt mir aus dem Auto seinen Mittelfinger entgegen. Als ich auch noch merke, dass ich von drei ausländischen Jugendlichen verfolgt werde, flüchte ich in ein Schuhgeschäft hinein. Schockiert sehe ich dort im Spiegel, dass Barbier Bekir, vermutlich auf Anweisung von meiner Frau, aus mir einen echten, superschicken Skinhääd gemacht hat!

Döner ist für alle da!

Sie wissen ja, dass meine Frau Eminanim unheimlich gerne wandert. Immer wenn sich die Gelegenheit bietet, schleppt sie mich in den Harz.

Dieses Mal hatte Eminanim so viel Elan und Energie, dass unser Ford-Transit erst im östlichen Teil des Harzes, also erst in der ehemaligen DDR, zum Stehen kam.

Das wurde uns am Straßenbild sofort klar. Nicht etwa wegen der Schlaglöcher oder der baufälligen Gebäude, nein, die sind nach der Wende sofort liebevoll restauriert worden. Wir merkten es vielmehr an den vielen Skinhääds, die auf den Straßen rumlungern. Diese Rechtsradikalen mit ihren riesigen Hunden sind hier genauso im Straßenbild verankert wie im Westen die Omas mit ihren süßen kleinen Rauhaardackeln.

»Also, Osman, hier werde ich ganz bestimmt nicht bleiben! Ich fahre noch heute Abend zurück. Ich hatte nicht vor, zusammen mit den Skinhääds durch den Harz zu wandern!«

»Eminanim, was meinst du, sollen wir im Angesicht so vieler Rassisten nicht auch die ostdeutschen Produkte boykottieren, so wie damals die südafrikanischen?«, frage ich.

»Das kannst du vergessen. Hier wird doch außer diesen Hohlköpfen nichts anderes produziert.«

»Doch, Döner!«, rufe ich völlig überrascht und trete auf die Bremse. Ich schaue mit aufgerissenen Augen den türkischen

Imbiss »Antalya-Express« an, der mir wie ein kühler Gebirgsbach in der heißen Wüste erscheint.

»So einen Laden hier aufzumachen, ist auch eine originelle Methode, sich das Leben interessant zu machen«, kommentiert Eminanim die Fata Morgana.

An den Tischen auf dem Bürgersteig sitzen ausschließlich mampfende Deutsche. Sogar zwei Skinhääds!

Döner, Köfte, Pizza, Pasta, Flühlings-Lolle, also wenn es ums Essen geht, werden die Deutschen plötzlich absolut weltoffen und durch und durch tolerant.

Wenigstens so lange, bis sie wieder satt sind.

»Einen wunderschönen Tag, die Dame und der Herr, was kann ich für Sie tun?«, fragt der türkische Wirt freundlich auf Deutsch.

»Wenn Sie schlau sind, tun Sie lieber was für sich und laufen so schnell weg, wie Sie können! Oder sind Sie lebensmüde?«, sagt Eminanim auf Türkisch.

»Geschäftsrisiko«, nennt es der türkische Dönerladen-Besitzer, offenbar froh, zur Abwechslung mal zwei von seiner Sorte im Laden zu haben. Und erzählt uns, dass die Skinhääds tagsüber regelmäßig bei ihm ihre Döner kaufen, und nachts genauso regelmäßig die Scheiben von seinem Laden kaputtschlagen.

Gewissermaßen die klassische Situation von dem Hund, der die Hand beißt, die ihn füttert.

Okä, im Westen passiert so was auch schon mal. Selbst in der Türkei. Aber in der Türkei nur deshalb, weil einem Kunden der Döner nicht geschmeckt hat, oder er alles viel zu teuer fand. Oder weil irgendjemand behauptet hat, dass der Verkäufer angeblich was von seiner Schwester will. Oder weil ab und zu die Fans von der gegnerischen Fußballmannschaft dort verkehren. Oder auch nur, weil man gerade unglaubliche Lust hat, mal einen Laden kaputtzuhauen. Wie Sie sehen, es gibt mehr als genug Gründe, um einen Dönerladen in Schutt und Asche zu legen. Aber das ist jetzt wirklich nicht unser Thema.

»Aber nicht, dass Sie denken, denen schmeckt's nicht«, strahlt der arme Verkäufer und wirkt überhaupt nicht resigniert, »unseren Skinhääds hier gefällt mein Döner prächtig!«

»Ich verstehe Sie nicht, obwohl diese Idioten ständig Ihren Laden zertrümmern, trotzdem geben Sie diesen Burschen noch was zu essen?«, frage ich verblüfft.

»Das dürfen Sie nicht so eng sehen, das sind halt Nazis, die können nichts dafür! Die müssen ab und zu einen ausländischen Laden überfallen und Fremde verprügeln. Das ist gewissermaßen genetisch bedingt und gehört in Ostdeutschland zum Kulturerbe«, lacht er fröhlich, »und weil es hier sonst keine anderen Ausländer gibt, kommen die Skins alle von ganz weit her zu mir.«

Ich bin sprachlos über so viel Verständnis, das ein Türke den Rechtsradikalen entgegenbringt, die ihn seit Jahren schikanieren.

»Sagen Sie mal, sind Sie etwa Sadist?«, frage ich ihn mit leicht erkennbarem Vorwurf in der Stimme.

»Wie bitte?«

»Mein Mann hat's nicht so mit Fremdwörtern, der will nur wissen, ob Sie unter Umständen vielleicht Masochist sind?«, übersetzt meine Frau simultan auf DDR-Türkisch.

»Entschuldigen Sie bitte, meine Skins wollen wieder Bier haben«, sagt er höflich, »ich bin gleich wieder da.«

»Kippen Sie den Kerlen das Bier einfach über deren Glatzen, ich bezahle es«, rufe ich auf Türkisch.

»Ha ha, ein so großer Masochist bin ich nun auch wieder nicht«, lacht er und rennt in den Laden.

»Osman, wegen der vielen Leute hier auf der Straße hast du plötzlich so eine große Klappe. Aber glaub's mir, wenn's drauf ankommt, wird sich kein Mensch einmischen, und du kassierst eine Tracht Prügel von den Skins. Also hör endlich auf mit dem Blödsinn!«, schimpft meine Frau.

»Ist schon gut, du gönnst einem ja gar nichts!«

»Osman, kannst du für mich einen Döner mit viel Reis, Salat und Joghurt bestellen? Ich muss mir ganz schnell die Nase pudern.«

Kaum ist sie weg, werden die Skinhääds plötzlich hektisch und laut. Sie beschimpfen sich gegenseitig, obwohl es hier zurzeit keinen Mangel an Ausländern gibt.

»Keine Angst, machen Sie sich keine Sorgen«, ruft der Wirt zu mir herüber, »so was passiert hier ständig.«

Einer von den Skins schnappt sich das große, volle Bierglas und schüttet es dem anderen über den kahlen Kopf. Der Begossene springt wütend hoch und schüttet daraufhin sein Glas dem andern ins Gesicht. Schade, dass Eminanim diese Schow verpasst hat. Die zwei Kampfhähne stehen wutschnaubend voreinander, aber prügeln wollen sie sich doch nicht. Die bezahlen brav ihre Rechnungen und wollen gehen. Und der Türke wischt schon fröhlich pfeifend den Tisch und die Stühle ab.

»Sie können die beiden leeren Biergläser ruhig bei mir auf dem Tisch abstellen«, rufe ich.

»Danke«, sagt er und entledigt sich seines Ballasts.

In dem Moment kommt Eminanim zurück und schaut mit großen ängstlichen Augen die beiden Skins an, die verärgert ihre Hunde schnappen und mit hochrotem Kopf biertriefend verschwinden. Dann sieht sie die beiden leeren Biergläser vor mir.

»Ich glaub's nicht, hat der Kellner es wirklich gemacht?«, fragt sie schockiert. Mir entgeht dabei nicht, wie sie den Kellner ziemlich bewundernd von der Seite anschaut.

»Ach, nein, ich war's«, sage ich lässig.

Eminanim lässt sich auf den Stuhl fallen.

»Du, du, du hast …«, stottert sie.

Ich ignorier ihre Gestammel und rufe dem Kellner zu:

»Ich stehe dafür selbstverständlich gerade. Die beiden Biere gehen auf mich!«

Haararzt

»Osman, du siehst grauenhaft aus, schlimmer als ein alter Hippie«, schimpft meine Frau wieder, »geh doch endlich zum Frisör!«

»Ja, ja, reg dich nicht auf, ich gehe morgen«, sage ich wie immer.

Aber sie schleppt mich erneut eigenhändig zum Barbier Bekir, bevor sie zum Einkaufen fährt.

Eminanim trinkt mit mir dort einen Tee, und schon bin ich auch dran.

»Bekir, mach diesmal bloß keinen Skinhääd aus mir, ich wurde ja fast verprügelt«, warne ich ihn.

Nachdem Bekir mir alle meine drei Haare sorgfältig einzeln geschnitten hat, schnappt er sich eine Fackel aus der Schublade und zündet sie an.

»Was ist los, Bruder? Ist Haareschneiden jetzt endgültig zur olympischen Disziplin erklärt worden, oder was?«, frage ich verwundert.

Aber anstatt mit hocherhobenem Arm durch das Café zu laufen, steckt er mir die brennende Fackel in mein linkes Ohr und vernichtet dort alles Leben! Und danach ist mein rechtes Ohr dran! Der ganze Laden stinkt nach frisch gebratenem Osman! Dann schnappt er sich einen langen Faden und jongliert den mit beiden Händen und mit den Zähnen. Mit dieser akrobatischen Einlage zupft er mir alle – seiner Meinung nach – überflüssigen Haare aus den unmöglichsten Winkeln meines Gesichtes. Ich sehe inzwischen aus, als hätte ich die Masern und Pocken gleichzeitig.

Sehr nachdenklich und kritisch begutachtet er dann den riesigen Krater, den mein ehemaliger Backenzahn in meinem Mund hinterlassen hat. Bei meinem letzten Zahnarztbesuch hatte er mir auch die Haare geschnitten, ich meine, bei meinem letzten Frisörbesuch hatte Bekir mit einer Kneifzange mir auch den verfaulten Backenzahn gezogen. Und das alles natürlich ohne Praxisgebühr oder Überweisungsschein. Und selbstverständlich auch ohne Betäubung! Indianer und Türken kennen keinen Schmerz!

Wenn man überlegt, was dem armen Vater Staat dadurch an Steuern entgeht. Die Hauptschuldigen an der Misere des deutschen Gesundheitswesens sind eindeutig diese türkischen Frisöre!

»Es ist noch ein bisschen entzündet, aber nicht der Rede wert«, murmelt er und schüttet eine halbe Flasche billigstes Kölnischwasser in meinen Mund. Nicht nur, um meinen unerträglichen Mundgeruch, sondern auch, um die Entzündung zu bekämpfen. Mit dem Rest aus der Flasche reibt er mir dann auch noch mein Gesicht ein.

»Osman, warum hast du eigentlich so einen komischen, schiefen Kopf?«, lacht er.

»Ich bin froh, dass du ihn mir noch nicht abgerissen hast«, rufe ich voll von bösen Vorahnungen. Und habe plötzlich Angst, schlafende Frisöre zu wecken.

»Keine Angst«, beruhigt mich Bekir, »man köpft doch kein Huhn, das noch Eier legt!«

Woraufhin ich mich über meine restlichen Haare wahnsinnig freue.

»Osman, geh mal da rüber und leg dich da drauf«, sagt er plötzlich und zeigt mit der Rasierklinge in der Hand auf den alten Küchentisch vom Sperrmüll. »Ich renke deinen Hals wieder ordentlich ein!«

»Nein, nein, danke, mach dir keine Mühe, nicht notwendig«, flehe ich ihn an.

»Das kostet nicht extra. Für meine Landsleute tue ich alles«, ruft er, »wir Türken müssen doch zusammenhalten. Wenn du – Allah behüte – so ein Grieche, Kurde, Armenier, Russe, Bulgare oder Deutscher wärst, hätte ich nicht mal meinen kleinen Finger krumm gemacht.«

Dann brüllt er nochmals ganz laut und bestellt bei dem Kellner im Café erneut zwei Gläser Tee.

»Im Liegen kann ich doch keinen Tee trinken. Also lassen wir das mit dem Massieren heute sein«, schöpfe ich ein ganz klein bisschen Hoffnung, dem drohenden Genickbruch doch noch zu entkommen.

»Den Tee habe ich für mich bestellt, du musst ruhig liegen. Ich kann doch einen lieben türkischen Landsmann nicht wie den buckligen Glöckner von Notre-Dame durch die Gegend laufen lassen.«

So sehr wie in diesem Moment habe ich es noch nie bereut, ein Türke zu sein. Nicht mal damals bei der Ausländerbehörde, als mich Frau Kottzmeyer-Göbelsberg regelmäßig zur Schnecke gemacht hat; auch nicht, als ich vor ein paar Jahren aus Malta – kurz vor deren EU-Beitritt – mit Kind und Kegel wieder zurückgeschickt wurde, weil ich ohne Visum in den Urlaub geflogen bin. Und sein Beispiel mit dem Glöckner von Notre-Dame erzeugt bei mir eher die unangenehme Vision von französischen Guillotinen, als ich meinen Kopf auf den Küchentisch lege.

Kurz darauf hören wahrscheinlich alle Besucher des Cafés jeden einzelnen meiner Knochen krachen, als Barbier Bekir mit voller Wucht auf meinen Rücken springt. Dass er sich die Schuhe ausgezogen hat, bevor er auf meinem Rücken spazieren geht, macht die ganze Folter auch nicht erträglicher. Plötzlich rammt er mir seine Knie auf die Schulterblätter und bohrt seine Ellbogen in meinen Hals.

»Hiii... hiii... hiiilfeee...«

»Stell dich nicht so an, sei froh, dass du Türke bist. Für meine Landsleute tue ich alles«, schnauft er dabei.

»Aaa... aaachhh«, bedanke ich mich von ganzem Herzen.

»Wenn mein Landsmann Osman mich darum bittet, dass ich jetzt mein Leben lasse, dann sterbe ich hier für ihn sofort auf der Stelle!«

»Nein, nein, nicht notwendig, lass uns bitte beide weiterleben«, röchle ich.

Inzwischen versucht er, mein linkes Bein mit meinem rechten Arm zu verknoten; oder mit dem linken Arm. Oder mit dem rechten Bein. Ich weiß es nicht, ich habe nämlich schon längst das Gefühl für meinen Körper verloren, ich fühle nicht mal mehr, wie er auf mir rumhopst.

»Bitte, bitte, lass mich am Leben«, jammere ich und versuche, wie ein angeschlagener Bulle den Rodeoreiter, ihn endlich abzuschütteln. Aber keine Chance!

»Halte den Kopf mit beiden Händen fest und zieh ihn ruckartig nach oben. Und ich reiße gleichzeitig die Beine runter«, ruft er.

»Wie soll ich denn meinen Kopf nach oben ziehen?«, schluchze ich verzweifelt mit Tränen in den Augen. »Außerdem habe ich nicht die geringste Idee, wo mein Kopf ist!«

»Sei ruhig, Osman, dich fragt keiner! Ich rede mit unserm

Kellner Abdullah. Mach du es dir auf meinem Tisch richtig gemütlich und genieße die Massage.«

In dem Moment stelle ich schockiert fest, dass sich die Zahl meiner Peiniger mehr als verdoppelt hat. Der Kellner Abdullah ist nämlich ein verkannter Öl-Ketscher und bringt problemlos 200 Kilo auf die Waage; oder auf meinen Rücken, kommt drauf an, wo er gerade steht.

Und dieses Elefantenbäbie tut für seine Landsleute auch alles; nämlich ihnen bei lebendigem Leibe sämtliche Knochen brechen.

»Hauptsache, du bist Türke, Bruder«, zischt Abdullah, »dann ist mir keine Arbeit zu viel.«

»Mensch, ich bin aber gar kein Türke, ihr Idioten«, kämpfe ich mit letzter Kraft um mein Leben, »meine Mutter ist Kurdin, mein Vater ist Armenier, meine Oma ist Russin, mein Opa ist Bulgare und ich wurde in Griechenland geboren. Außerdem habe ich einen deutschen Pass und einen dänischen Dackel!«

Das hilft!

Bekir und Abdullah lassen mich sofort los, und ich renne weg; froh, dass ich meinen türkischen Pass rechtzeitig abgegeben habe!

Kaufe Wahlrecht

Liebe Nichtwähler,
machen Sie Geld aus Ihrem Müll.
Ich kaufe Ihre Briefwahlunterlagen.
Bezahle diskret, gut und in bar!

Das ist der Werbetext für die neue Geschäftsidee meines durch und durch verkommenen, linksradikalen Sohnes Mehmet.

Mein missratener Sohn scheint die weit verbreitete Volksweisheit richtig verinnerlicht zu haben:

»Wer mit 20 kein Kommunist ist, hat kein Herz! Wer mit 21 immer noch Kommunist ist, hat keinen Verstand!«

Mein revolutionärer Sohn hat ganz alleine geschafft, was die SPD, die Grünen und die FDP seit Jahren nicht auf die Reihe gekriegt haben: Mehmet Engin hat den Ausländern das Wahlrecht gegeben! Für nur lächerliche 49 Euro 80 pro Stück. Und das bei einem Einkaufspreis von 22 Euro 50.

Er verkauft diese Briefwahlunterlagen, die er von politikmüden Eingeborenen kauft, an Ausländer ohne Wahlrecht weiter.

Das Geschäft buumt!

Seine Wahlrecht-Mitbenutzungs-Zentrale gibt es erst seit drei Wochen, und schon haben wir zu Hause keinen Platz mehr, um uns zu bewegen. Denn die ganze Wohnung ist mit

Umschlägen vollgestopft. Zusätzlich haben wir auch noch die komplette Wohnung von Oma Fischkopf über uns als Lagerraum anmieten müssen. Seitdem schläft Oma Fischkopf mit in unserem Ehebett.

In der letzten Woche haben wir Mehmet kein einziges Mal zu Gesicht bekommen. Mit seinen zwei Kumpels klappert er in ganz Norddeutschland ausländische Cafés, Vereine, Import-Export- und Gemüseläden sowie Hochzeitssäle ab, um Briefwahlunterlagen zu verhökern.

»Vater, ein unglaublich riesiges Kapital liegt brach, wenn man bedenkt, dass die Hälfte der Bevölkerung nicht wählen geht«, sagt mein Sohn.

Kunden stehen Schlange, selbst in der Familie.

Meine ältere Tochter Nermin sagt:

»Also, ich wähle die Grünen. Als wir für das Wahlrecht für Ausländer demonstriert haben, sind sie die ersten 200 Meter mitgelaufen.«

»Aber die sind es doch, die immer rumschreien ›keine Waffen an die Türkei, keine Waffen an die Türkei‹. Die Grünen sind wie Wassermelonen: außen grün, innen rot«, schimpfe ich.

»Mach dir mal um deine Waffengeschäfte keine Sorgen«, sagt Mehmet, »die Türkei war letztes Jahr weltweit Waffenkäufer Nummer 1, und Deutschland ist Waffenverkäufer Nummer 2. Außerdem wählen wir hier für das deutsche Parlament. Wenn du für das türkische Parlament wählen willst, dann musst du schon bei jemand anderem kaufen.«

»Ich wähle Tom und Jerry, in welcher Partei sind die denn?«, will meine kleine Tochter Hatice wissen.

»Als Frau wähle ich natürlich die CDU«, sagt Eminanim. »Aber die arme Frau Merkel wird sich im Parlament mit hunderten von hässlichen, dicken, fremden Männern rumärgern müssen. Das wird für sie wahrhaft kein Zuckerschlecken. Jetzt, wo sie doch berühmt geworden ist, kann sie wieder aufhören und im Fernsehen eine tolle Tolkschow moderieren oder in einer Liebesserie mitspielen: ›Zur Ehe mit der SPD gezwungen. Kanzlerin wider Willen!‹«

In dem Moment sehen wir vom Küchenfenster aus, wie ein Polizeiwagen vor unserer Haustür hält.

»Mehmet, ich hab dir gleich gesagt, dass du in Deutschland keine Wahlunterlagen verkaufen darfst, ohne Steuern zu bezahlen. Das Finanzamt ist übermächtig! Aber auf eine alte Frau hört ja keiner«, ruft Oma Fischkopf erschrocken.

Zwei Polizisten betreten die Küche und fragen:

»Ist das hier die Wahlrecht-Mitbenutzungs-Zentrale?«

»Herr Kommissar, wir sind alle unschuldig! Der Kopf der Verbrecherbande steht da drüben. Mein missratener kommunistischer Sohn ist der Haupttäter«, rufe ich und zeige mit dem Finger auf Mehmet.

»Herr Engin«, sagt einer der beiden Polizisten zu Mehmet. »Hier in der Tasche habe ich 20 Briefwahlunterlagen von allen unseren Kollegen auf dem Revier. Laut Ihrem Angebot sind die zusammen 450 Euro wert. Das Geld hätten wir lieber gleich in bar. Wir wollen unsere fünf Streifenwagen endlich mal wieder richtig voll tanken!«

Bewerbungsalptraum

Ich bin so aufgeregt wie eine Braut vor der Hochzeitsnacht!

Ich meine damit natürlich die Bräute, die zu der Zeit lebten, als dieses geflügelte Wort das Fliegen lernte. Die heutigen Bräute sind doch die Ruhe in Person und drehen gelangweilt Däumchen dabei. Weil sie ja schon vor der Hochzeitsnacht jahrelang mit dem Bräutigam in die Kiste gehüpft sind. Und wenn sie schlau sind, natürlich auch noch mit einem ganzen Rudel anderer Männer. Die Kerle machen es ja genauso!

Aber das ist jetzt eigentlich nicht unser Thema. Ich wollte damit nur sagen, dass ich total aufgeregt bin. Mir fiel nur nichts Besseres ein als diese angestaubte Redewendung. Wahrscheinlich, weil ich so aufgeregt bin!

Ich werde heute Nacht mit Sicherheit kein Auge zubekommen. Ich werde schwitzen wie in der Sauna, oder wie am Hochofen in Halle 4. Ich werde bis morgen Früh leiden wie Romeo oder wie ein von einem 40-Tonnen-Laster überfahrener Straßenköter. Ich weiß nämlich gar nicht mehr, wie man sich heutzutage bei einem Arbeitgeber vorstellen soll! Das habe ich vor dreißig Jahren in Halle 4 zum letzten Mal getan. Und die haben mich sofort genommen. Weil sie damals jeden genommen haben, der halbwegs laufen oder bis drei zählen konnte. Ich konnte sogar bis fünf zählen. Und laufen brauchte ich nicht. Ich hatte ja meinen grasgrünen Ford-Transit, Baujahr

68, Alufelgen, von 0 auf 100 in 3 Minuten und 12 Sekunden. Wenn das keine Empfehlung war!

Das war damals zu der Zeit, als sich die Arbeiter – genau wie heute – wie eine Herde Sklaven vorkamen. Aber es gab wenigstens die Hoffnung auf den befreienden Sozialismus, und deswegen wurden massenweise rote Fahnen geschwenkt. Bis dann vor einiger Zeit die Sozialisten mit fliegenden Fahnen zum Kapitalismus desertierten.

Ich bin jetzt vermutlich so aufgeregt wie der arme erste DDR-Mensch, der in jener besonderen Nacht mit seinem klapprigen Trabi durch das Brandenburger Tor fuhr, um sich seine langersehnte Banane abzuholen. Ich bin so durcheinander und aufgewühlt wie derjenige, der auf dieser Bananenschale ausgerutscht ist und sich alle Knochen gebrochen hat. Obwohl er, wie alle anderen Menschen im Westen auch, Steuern ohne Ende zahlen muss, damit die haarlosen Eingeborenen in der Zone überleben können.

Ich bin mindestens so deprimiert wie der Züchter dieser Banane in Costa Rica, der nur ein paar Pesos pro Kilo bekommt, obwohl sie hier in Europa ein halbes Vermögen kosten. Ich bin drauf und dran, meinem linksradikalen Sohn Mehmet Recht zu geben, der seit Jahren flucht, was das denn für eine freie und soziale Marktwirtschaft sei, wenn man heute um den schäbigsten Arbeitsplatz betteln muss, obwohl man für einen Hungerlohn malocht?!

Das würde ich ihm gegenüber natürlich niemals zugeben. Ich habe keine Lust darauf, dass er seine täglichen Revolutionen aus Ostasien, Südamerika oder Westafrika in unser Norddeutschland importiert. Ich will nicht wegen einer Banane betteln gehen! Dass man um eine blöde Arbeit betteln muss, ist doch schlimm genug!

Inzwischen sitzen einem beim Bewerbungsgespräch nicht nur der Personalchef, sondern gleich ein ganzes Dutzend Psychologen und Abteilungsleiter gegenüber. Und die lassen sich die hinterhältigsten Tricks einfallen, um zu sehen, ob man der zukünftigen Arbeit auch wirklich gewachsen ist. Man kommt sich wie der arme Gladiator in der römischen Arena vor, der gegen eine Horde blutrünstiger Monster antreten musste.

Zu meiner Zeit, in den Siebzigerjahren, bestand das gesamte Einstellungsgespräch nur aus dem folgenden Satz:

»Da ist Hammer, du arbeiten, klopf-klopf machen!«

Das war auch die Zeit, als ich noch mit Schlaghosen zur Arbeit gegangen bin. Wenn heute meine Tochter Zeynep damit stolz wie Oskar durch die Gegend läuft und meint, das sei modisch der letzte Schrei, völlig neu, ganz anders und noch nie da gewesen, da muss ich immer ganz schnell in den Keller flüchten. Sonst ist sie tagelang beleidigt. Daher stammt auch der Ausdruck: Er läuft zum Lachen in den Keller!

Ich laufe schon seit ein paar Stunden mitten in der Nacht wie ein aufgescheuchter Truthahn durch die Wohnung. Wie ein Truthahn kurz vor Weihnachten, der weiß, dass er bald ausgerupft, ausgestopft und gegart auf einem Esstisch landet, um den eine ganze Horde gieriger, schmatzender, sabbernder Geier sitzt, die bereits ihre scharfen Messer wetzt!

Es soll sogar Bewerbungsgespräche in großen Gruppen geben, wo die armen Bewerber wie tollwütige Hunde aufeinander gehetzt werden. Wenn dann der durchtriebenste und intriganteste zukünftige Leibeigene sich durchsetzt, dann bekommt er den Job. Genauso wie in der freien Natur. In der Wildnis überlebt auch nur der Stärkere. Daher kommt wohl der Spruch: Unser Ausleseverfahren ist völlig natürlich!

Wo ich schon mit den Gedanken in der freien Natur bin, fange ich auch sofort an, Schäfchen zu zählen. In der Hoffnung, vielleicht doch noch ein paar Minuten zu schlafen, bevor die Sonne aufgeht. Während ich gerade auf meiner Wiese so friedlich am Zählen bin und bereits 587 Schäfchen im Trockenen habe, schleicht sich plötzlich das Klonschaf Dolly in meine Herde ein und bringt alles durcheinander!

Dolly sieht genauso aus wie alle anderen. Das könnte doch verloren gehen! Dabei wird es für wissenschaftliche Zwecke bestimmt noch öfters gebraucht.

Schade, dass man noch nicht Menschen klonen darf! Dann hätten wir morgen einfach den zum Bewerbungsgespräch schicken können. Die Kopie hätten sie dann so viel schikanieren können, wie sie wollen. Die zweitgrößte Nervensäge des Mittleren Orients würde aber garantiert lautstark protestieren: »Osman, bist du bekloppt?! Du hast doch schon fünf Kinder, das reicht wirklich!« Aber keines von meinen Kindern sieht leider so aus wie ich. Mehmet ist ein arbeitsscheuer Kommunist. Nermin ist eine Männer hassende Feministin. Hatice ist ein kleiner, frecher, Lehrer hassender Teufel.

Ein niedlicher, süßer, intelligenter Dolly-Osman wäre doch wirklich fantastisch gewesen!

Ich stehe wieder auf und laufe im Schlafzimmer erneut hin und her. Diesmal aber nicht wie ein Truthahn, sondern wie eine Ratte, die in der Falle sitzt. Das heißt, ich kann nicht so weit weg! Der Schwanz ist doch eingeklemmt!

Halbtot und im Halbschlaf, mit Mühe und Not, mit Ach und Krach und mit Schach und Matt erblicke ich endlich die ersten lang ersehnten Sonnenstrahlen! Natürlich nur so viele, wie man in Norddeutschland erblicken kann!

Ich renne im Schlafanzug blitzschnell zu Mehmets Zimmer, und trommele wie ein Wilder an seiner verschlossenen Tür:

»Mehmet, steh auf, mein Junge, du musst los! Du hast doch gleich dieses Bewerbungsgespräch!«

»Ist mir doch egal, Vater, lass mich in Ruhe! Ich bin gerade erst nach Hause gekommen. Ich habe keinen Bock auf diese Verhör-Nummer!«

Aufruhr im Treppenhaus

Plötzlich klingelt es spätabends an der Tür. Unser Hausverwalter, Herr Krummsack, steht mitsamt der kompletten Nachbarschaft in unserem Treppenhaus.

»Herr Engin, wir müssen leider mit Ihnen reden«, sagt er mit ernster Miene.

»Bitte, kommen Sie doch rein«, sage ich verwundert.

Die ganzen Hausbewohner zusammen haben uns noch nie besucht; nicht mal einzeln!

Eminanim und die Kinder schauen so überrascht, als hätten uns die Aliens vom Mars zusammen mit Edmund Stoiber ein Besuch abgestattet.

Meine Frau rennt sofort in die Küche, um Teewasser aufzusetzen.

»Herr Engin, die gesamte Hausgemeinschaft ist in Aufruhr. Wir bitten Sie dringend, uns zu beweisen, dass Sie keine islamistischen Terroristen sind.« Reden tun die Aliens auch wie Edmund Stoiber.

»Nur islamistische Terroristen?«, fragt Mehmet höchst interessiert.

Herr Prizibilsky und Herr Krummsack schauen sich überrascht an.

»Fürs Erste würde es wohl reichen«, meint der Hausverwalter unsicher.

»Aber wieso kommen Sie mit so einer Frage jetzt erst? Wir

wohnen in dieser Wohnung schon mehr als 30 Jahre«, sage ich ziemlich verblüfft.

»Anscheinend waren wir damals sehr leichtsinnig«, sagt er.

Eminanim steht mit der Teekanne neben mir und flüstert:

»Osman, wir haben für 20 Leute nicht genug zu essen. Soll ich auf die Schnelle ein paar Börek machen?«

»Börek kann warten. Beweise du erstmal, dass du keine Terroristin bist«, sage ich.

»Insbesondere keine islamistische Terroristin«, ergänzt Mehmet, »alles andere kannst du ruhig sein.«

»Wieso denn ausgerechnet ich? Nur weil ich heute einmal nicht abgewaschen habe?«, stottert Eminanim völlig durcheinander.

»Mutter, wer von uns kann denn sonst unter seinem Kopftuch eine Atombombe verstecken? Ich nicht«, sagt Mehmet.

»Das ist nicht gegen Sie persönlich gerichtet, Frau Engin«, sagt der Hausverwalter verlegen, »eigentlich hätten wir gerne von der gesamten Bande hier handfeste Beweise, dass wir keine islamistischen Terroristen im Haus haben.«

»Muss ich das auch beweisen?«, meldet sich meine kleine Tochter Hatice.

»Du erst recht! Nur ich bin aus dem Schneider, weil ich überzeugter Atheist bin«, ruft Mehmet.

»Das sind die allerschlimmsten«, sage ich, »diese atheistischen Islamisten!«

»Als die Rechtsradikalen unsere Wohnungen abgefackelt haben, wollten wir von euch hier im Haus auch keine Unschuldsbeweise haben«, sagt Mehmet.

»Ich hab ja nicht mal eine Glatze«, sagt Krummsack erleichtert.

»Sie nicht, aber Herr Nöllemeier schon«, ruft Mehmet, worauf der mit hochrotem Kopf eilig seine Mütze wieder aufsetzt.

»Also ich weiß nicht, wie ich auf die Schnelle beweisen soll, dass ich keine Terroristin bin?«, sagt meine Frau, »aber ich kann sehr gut Börek backen!«

»Und ich kann sehr gut Ford-Transits reparieren!«, rufe ich stolz in die Runde.

»Das sind doch keine Beweise«, sagt Mehmet.

»Dazu liebe ich auch noch Franz Beckenbauer«, juble ich.

Das war ein großer Fehler, meine Liebe zum Kaiser so offen zu erklären.

Jetzt sitzen wir alle schon stundenlang eingesperrt im Keller und warten auf die Entscheidung des Schwurgerichts.

Unsere letzte Chance ist eine Bitte um Begnadigung von Edmund Stoiber persönlich …

West-östliches Sofa

Unser Nachbar Ahmet und seine Frau Fadimanim haben uns am Sonntagabend zum Essen eingeladen. Unser gemeinsamer Freund Nedim und seine Gattin Hümeyranim sind ebenfalls anwesend.

Während sich die holde Weiblichkeit in der Küche austobt, bittet Ahmet mich und Nedim, auf seinem berühmt-berüchtigten »West-östlichen Sofa« Platz zu nehmen.

Schade, dass nicht alle Sofas – ausgenommen das von Goethe natürlich –, dass nicht alle Sofas sprechen können, sonst hätte es so vieles über uns berichten können. Wie wir unsere Diskussionen jahrelang am Abend mit dem Abendland anfingen und morgens beim Sonnenaufgang, mehr gähnend und schnarchend als redend, mit dem Morgenland aufhörten. Dazwischen war Amerika unser Thema; das Nachtland!

Aber ich muss schon zugeben, seitdem die Kommunisten aufgegeben haben und mit fliegenden Fahnen zum Kapitalismus geflüchtet sind und die Kapitalisten sich als Sozialisten ausgeben, machen die Diskussionen keinen Spaß mehr.

Heute sind wir uns nach langen Diskussionen kurz vor dem Essen mal wieder einig, dass alle türkischen Politiker Versager sind.

Während des Essens stellen wir dann übereinstimmend fest, dass die deutschen Politiker kein bisschen besser sind.

Genau wie bei der Frage mit dem Huhn und dem Ei tappen wir im Dunkeln, ob man grundsätzlich nur Versager zu Politikern macht oder ob die Politiker mit der Zeit zu Versagern mutieren.

Um dieses offensichtliche gesellschaftliche Dilemma zu beenden, will Ahmet demnächst aktiv in der Türkei in die Politik eingreifen. Und Nedim will mit seinen Ideen in Deutschland die politische Landschaft durcheinander wirbeln. Ich kann mich vor dem Nachtisch noch nicht ganz entscheiden. Meine mangelhaften Englischkenntnisse erlauben es mir leider nicht, das Übel direkt an der Wurzel zu packen und mein politisches Debüt gleich in Waschington zu geben.

»Osman, ein Jahr Englischkurs bei der Volkshochschule, und dann kann dich weder Georg Dabelju Busch noch der Terminator stoppen«, macht mir Ahmet Mut.

Ich lass mich aber auf meinem Weg nicht irritieren.

Ich kenne den Schleimer schon lange genug, um zu wissen, dass er sich nur seines stärksten Widersachers im Kampf um die Vorherrschaft in der türkischen Politik zu entledigen versucht.

Ich antworte bewusst unpräzise, um mir alle politischen Optionen offen zu halten und meine zukünftigen Gegner im Unklaren zu lassen. Diese Ungewissheit macht aber Ahmet völlig fertig, und er fragt mit zitternder Stimme so wie nebenbei:

»Osman, was hast du denn vor? Willst du bei den Sozialdemokraten oder bei den Konservativen kandidieren?«, wobei ihm die dicken Schweißperlen schon auf der Stirn stehen.

Ein guter Politiker lässt sich aber nicht ohne weiteres in seine Karten gucken, und so antworte ich:

»Freunde, das hab ich noch nicht ganz klar entschieden. Obwohl ich natürlich ehrlicherweise zugeben muss, dass ich zu einer der beiden von dir genannten Richtungen unter Umständen schon mehr tendiere. Wobei ich aber einen dritten Weg nicht explizit ausschließen will. Euch kann ich ja anvertrauen, dass meine zukünftige politische Arbeit sich keineswegs nur auf die Türkei beschränken wird.«

Und da wird plötzlich sichtbar, wie Nedim sich wegen der starken politischen Konkurrenz in der deutschen Politik auf dem »West-östlichen Sofa« zu winden beginnt; genau wie ich es bezweckt habe.

Um mich einzuschüchtern und sich gleichzeitig selbst Mut zu machen, fängt er unvermittelt an, die deutsche Politik seit Bismarck von Grund auf zu analysieren. Ich versuche ein paar Mal zu intervenieren, aber keine Chance. Nicht mal die Hammelkeule und später der leckere Nachtisch, Baklava, vermögen ihn zu stoppen. Ich lasse den politischen Neuling so viel reden, wie er will, damit er sich in Sicherheit wiegen kann. Je mehr er sich in Rage redet, umso mehr stellt er sich bloß, ohne dass er es merkt. Der Anfänger weiß nicht mal, mit wie viel Prozent Helmut Kohl damals die entscheidende Wahl für seine zweite Amtszeit gewonnen hat. Die Zahl vor dem Komma wusste er natürlich, aber hinter dem Komma hat er sich gleich um drei Stellen vertan.

Für mich eine der leichtesten Übungen! Als ich seinen Fehler vor allen Leuten brutal offen lege und ihn genüsslich bloßstelle, ist er zwei Sekunden lang unschlüssig, ob er sich jetzt für immer aus der Politik zurückziehen soll oder nicht! Aber dann entschließt er sich trotzig, seinen aussichtslosen Kampf gegen mich doch weiterzuführen. Und behauptet total unverschämt, er redet vom amtlichen Endergebnis und nicht von der ersten Prognose in der ARD nach Schließung der Wahllokale.

Genau in dem Moment, als ich alle meine politischen Gegner platt gewalzt und sie zur Bedeutungslosigkeit degradiert habe, genau in dem Moment ruft meine Frau Eminanim:

»Komm, Osman, die Männer sind heute mit dem Geschirrspülen dran. Die Welt kannst du ja nächste Woche wieder retten!«

Die Pantoffelhelden

Unser Nachbar Ahmet und seine Frau Fadimanim haben uns schon wieder zum Essen eingeladen. Unser gemeinsamer Freund Nedim und seine Frau Hümeyranim haben auch schon längst auf Ahmets »West-östlichem Sofa« Platz genommen.

Heute stellen wir erneut zum x-ten Male übereinstimmend fest, dass die Politiker zu nichts taugen und allesamt Pflaumen sind. Die ganze Prozedur läuft also wie immer, wenn wir zusammenkommen. Alles wie gehabt.

Dann zeichnet sich aber doch noch ein kleiner Unterschied ab. Weil sich der Hammel im Ofen einfach weigert, gar zu werden, haben wir noch vor dem Essen die Gelegenheit festzustellen, dass die Fußballer in der Bundesliga wegen der hohen Gehälter auch nicht mehr das sind, was sie früher mal waren. Sie sind vielleicht nicht wie die Politiker durch die Bank Pflaumen, aber Gurken sind sie allemal. Kurz bevor der Hammel endlich doch auf dem Tisch landet, beschließen wir einstimmig, dass lediglich die Spieler von Werder Bremen natürlich eine Ausnahme darstellen. Sie sind weder Pflaumen noch Gurken. Nur Millionäre!

Nach dem Essen gehen Ahmet und Nedim auf den Balkon, um eine zu rauchen. Und ich leiste den beiden Drogenabhängigen Gesellschaft. Schon nach dem zweiten Zug an seiner Filterzigarette ist Nedim völlig vernebelt und sagt:

»Kommt, Jungs, lasst uns Billard spielen gehen!«

»Wie? Nur wir drei?«, frage ich.

»Natürlich, wer denn sonst? Sollen wir etwa mit Weibern und Kindern in die Kneipe?«

»Also für mich ist das kein Problem«, sagt Ahmet, »ich muss bei meiner Frau nicht ständig um Erlaubnis betteln!«

»Ich sowieso nicht«, trumpft Nedim auf, »ich gehe raus, wann ich will! Hümeyranim kann froh sein, wenn ich überhaupt wiederkomme!«

»Was soll das heißen? Denkt ihr etwa, ich bin nicht der Herr im Haus, nur weil Eminanim heute Hosen anhat?«, stimme ich dem Billardspiel zur späten Stunde auch zu.

Kurz darauf verkündet Ahmet als Gastgeber unseren mutigen Entschluss den verblüfften Ehefrauen.

Die tun uninteressiert, und freuen sich angeblich auf ein paar Stunden ohne die störenden Ehemänner. Aber ich bin mir sicher, dass Eminanim innerlich kocht, weil ich ohne ihre Erlaubnis, einfach über ihren Kopf hinweg, ohne sie zu fragen, beschlossen habe, zu so später Stunde noch auszugehen.

Ich darf die beiden Herren auch noch mit meinem Ford-Transit in die Kneipe kutschieren, weil die natürlich auch noch Alkohol zu sich nehmen wollen.

»Das Stärkste, was du trinkst, ist ja schwarzer Kaffee mit wenig Zucker«, machen sie sich über mich lustig. Womit sie sogar leider Recht haben. Aber das ist die einzige Blöße, die ich mir gebe. In der Kneipe tue ich so, als sei ich der geborene Nachtmensch und die Gaststätten mein zweites Zuhause.

Ahmet meint, dass er dringend Platz machen muss für mindestens eine weitere Kiste Bier, und läuft die Treppen zur Toilette runter. Ich suche ein ruhiges Plätzchen, von wo ich meine Frau anrufen kann, und laufe ihm hinterher. In einem der Klos finde ich endlich die Ruhe, die ich suche, und wähle auf dem Händy sofort Eminanims Nummer.

»Frau, ich kann doch als Gastgeber nicht nein sagen, wenn die beiden noch Billard spielen gehen wollen. Ich hab wirklich keine Schuld daran«, höre ich von nebenan, wie Ahmet seine Frau Fadimanim um Vergebung bittet. Ich tausche nur die beiden Wörter »Gastgeber« und »Gast« aus und erzähle die komplette Geschichte genauso meiner Frau.

»Du musst ja nicht immer das machen, was die beiden anderen Idioten machen«, schimpft Eminanim.

»Aber Fadimanim, dann wäre ich doch wie ein Pantoffelheld dagestanden«, höre ich meinen Klonachbarn winseln.

»Aber Eminanim, dann wäre ich doch wie ein Pantoffelheld dagestanden«, flüstere ich ebenfalls meiner Frau zu.

»Du bist ja auch ein Pantoffelheld, komm jetzt schnell zurück«, sagt Eminanim.

»Wir machen nur ein Spielchen, dann bin ich sofort bei dir, Schatz«, antwortet Ahmet seiner Fadimanim.

Ich wiederhole den tollen Satz, froh, dass mein Kumpel so geschickte Ausreden draufhat.

Kurz danach treffen wir uns alle wieder oben am Billardtisch.

»Und, wie sind die Toiletten?«, fragt Nedim schon mit seinem Händy in der Hand.

»Hervorragend, der Händyempfang ist sehr gut«, sage ich.

Sauna-Schock

Ich bin gerade auf dem Heimweg von der Dienstagmorgenschicht, froh, für einen Tag die Halle 4 hinter mir gelassen zu haben, da hält neben mir mit quietschenden Reifen ein blauer Ford-Transit.

Mein alter Freund Nedim sitzt lässig am Steuer und brüllt durch das offene Beifahrerfenster:

»Osman, gut, dass ich dich sehe. Ich brauche dringend jemand, der mit mir in die Sauna geht. Alleine macht's keinen Spaß. Los, komm, steig schon ein.«

»Hör zu, Bruder Nedim, du kennst doch meine Frau Eminanim. Sie macht mich fertig, wenn sie erfährt, dass ich in der Sauna war. Da laufen doch überall nackte Frauen rum. Außerdem ist mir der Eintrittspreis viel zu hoch. Ich schwitz lieber in Halle 4 oder im Sommer wieder in der Türkei.«

»Osman, ich hab alles organisiert! Wir zahlen nur den Eintritt für das Schwimmen! Du weißt doch, ich kenne einen versteckten Gang, von dem aus man in die Sauna reinkommt, ohne einen Cent zu zahlen. Und deiner Frau Eminanim brauchst du ja nichts zu erzählen.«

»Nedim, du weißt aber auch, dass wir schon mal umsonst in der Sauna waren, und das Ganze in einer ziemlich großen Katastrophe endete! Ich hab überhaupt keine Lust, mich von dem Hausmeister erneut als Eindringling erwischen und beschimpfen zu lassen!«

»Osman, mach dir keine Sorgen! An dem Tag hatten wir doch nur Pech und haben aus Versehen den Ruhetag erwischt. Diesmal bin ich viel besser vorbereitet. Heute ist die Sauna garantiert offen.«

Mir fallen keine Gegenargumente mehr ein. Außerdem wäre das wieder ohnehin sinnlos gewesen, denn Nedim zieht mich am Arm brutal auf den Beifahrersitz und gibt wie ein Wahnsinniger Gas.

Am Hallenbad angekommen, bemerkt mein Freund, dass er ganz zufällig kein Geld dabeihat, und ich bezahle für ihn mit. Danach gehen wir durch eine kleine Tür in einen dunklen, schmalen Flur rein. Noch eine geheime Tür, und wir stehen plötzlich im Duschraum der Sauna.

»Was habe ich gesagt? Ist das nicht toll? Wir sind kostenlos in der Sauna«, freut sich Nedim.

»Meine Unterhose behalte ich aber an«, sage ich.

»Osman, es ist wirklich peinlich mit dir! Zieh das hässliche Ding doch sofort aus!«

»Ist gut, ist gut, reg dich nicht auf. Aber, schön ruhig ist es hier, Nedim, ich finde, wir sollten jeden Dienstag hierher kommen.«

»So, so, jetzt willst du plötzlich jede Woche kommen, nicht wahr, du Parasit?«, lacht er gut gelaunt.

Danach gehen wir, nackt, wie Allah uns geschaffen hat, in die Sauna rein.

Und prompt bekomme ich den größten Schock meines nicht gerade schockarmen Lebens!

Ganze Horden nackter Frauen, nackt, wie Allah sie ebenfalls erschaffen hat, sie alle liegen oder hocken auf den Holzbänken und schwitzen um die Wette: unsere Nachbarinnen Fadimanim, Pembanim, Aysanim, Nedims Frau Hümeyranim und nicht zuletzt die zweitgrößte Nervensäge des Mittleren Orients, meine geliebte Frau Eminanim!

»Osman, was machst du denn hier, du elender Gaffer«, schreit sie mich an und wirft mir ein nasses Handtuch an den Kopf. »Schämt ihr beide euch denn überhaupt nicht, am Frauentag hier reinzuplatzen, um nackte Weiber anzuglotzen? Osman, komm du mir bloß nach Hause, da wirst du aber was erleben!«

Das Volk will Essen!

Neulich haben uns Nedim und seine Frau Hümeyranim zum Abendessen eingeladen. Ahmet und seine Frau Fadimanim sind auch da. Für Außenstehende könnte leicht der Eindruck entstehen, dass ich und meine Frau elende Schnorrer sind, die sich ständig bei anderen Leuten den Bauch voll schlagen, aber nie selber Einladungen aussprechen. Dazu kann ich nur sagen, der Schein trügt! Wir haben auch andauernd Menschen zu Gast, und müssen heftig schuften dafür, das heißt, Eminanim hat natürlich ein klein wenig mehr Arbeit dadurch als ich. Sie ist die Chefin in der Küche, ich bin der Laufbursche. Aber ich erzähle davon nicht viel, weil ich nicht will, dass man mich für einen Prahler hält.

Nedim scheint mit der Prahlerei keine Probleme zu haben. Er sagt nämlich mit stolz geschwellter Brust:

»Wir haben uns auf den heutigen Abend ganz hervorragend vorbereitet!«

»Toll, was gibt's denn alles zu essen?«, frage ich mit knurrendem Magen.

»Das Essen meine ich doch gar nicht«, sagt er, »ich habe ein Thesenpapier vorbereitet, was für Eigenschaften man haben muss, um ein guter Politiker zu werden.«

Ich hatte längst vergessen, dass wir drei irgendwann mal in die Politik gehen wollten, »um die Welt zu retten«, wie meine Frau immer spöttisch zu bemerken pflegt.

»Ja, aber bitte erst nach dem Essen«, sagt Ahmet, »bis zu den Wahlen haben wir ja noch ein bisschen Zeit.«

»Selbst Ahmet hat manchmal Recht«, stimme ich ihm zu, »die Charakterschwächen der Politiker verderben uns sicherlich den Appetit!«

»Man muss öfters unpopuläre Entscheidungen treffen, damit es dem Volk später besser geht«, versucht uns Nedim sein Thesenpapier schon vor dem Essen zu servieren.

»Glaubt mir doch, Leute, das Volk will nicht gerettet werden, bevor es nicht was Anständiges gegessen hat«, spreche ich im Namen der hungernden Massen, die sich nicht mehr auf angeblich bessere Zeiten vertrösten lassen wollen, während ihnen ganz schrecklich der Magen knurrt.

»Das Volk sollte aber nach Jahrhunderten leidvoller Erfahrungen inzwischen intelligent genug sein, um seine goldene Zukunft nicht für ein schäbiges Essen aufs Spiel zu setzen«, referiert Nedim.

»Schäbiges Essen, sagst du?«, fragt nun auch Ahmet irritiert. »Ich hab gehofft, wir kriegen heute Abend was Leckeres!«

»Das hab ich nur so im übertragenen Sinne gesagt. Natürlich hat meine Frau Hümeyranim tolle Sachen gekocht. Abgesehen davon, isst der Gast nicht das, was er sich erhofft, sondern das, was ihm auf den Tisch gestellt wird!«

»Wenn wir noch lange warten, wird's den Tisch nicht mehr geben. Vor lauter Hunger fange ich gleich an, das Ding hier anzuknabbern«, versuche ich einen Witz zu machen.

»Männer, wenn wir als zukünftige Politiker uns schon so verantwortungslos benehmen, dann dürfen wir es dem ungebildeten Volk auch nicht verübeln, wenn es sich gegen seine Rettung mit Haut und Haaren sträubt«, appelliert unser Gastgeber vordergründig an unsere Vernunft, nur damit wir uns sein bescheuertes Thesenpapier angucken.

»Ich glaube, das Volk ist klüger geworden und will gar nicht gerettet werden«, philosophiert Ahmet, »denn danach weiß es nämlich nicht mehr, wie es sich vor seinen Rettern retten soll!«

»Aber wenn wir es dem Volk nicht offen ins Gesicht sagen, dass wir es retten wollen, woher soll es denn wissen, dass wir es retten wollen? Kann das Volk so was etwa riechen, oder was?«

»Es kommt drauf an, manchmal schon«, sage ich.

»Halloo, Männer, das Essen steht auf dem Tisch. Kommt alle in die Küche, der Hammel ist endlich so weit«, ruft Hümeyranim laut ins Wohnzimmer.

»Genau wie in diesem Fall zum Beispiel. Ich hatte nämlich schon vor ein paar Sekunden gerochen, dass unsere Rettung durch Hümeyranim kurz bevorsteht!«

Osman gegen Franz-Josef

Mein Franz-Josef bestreikt mich mal wieder. Aber das lasse ich mir nicht bieten, ich habe ihn ausgesperrt. In der Hinsicht kenne ich kein Pardon. In den dreißig Jahren Deutschland bin ich zu einem echten Kapitalisten geworden. Ich weiß, wie man mit diesem arbeitsscheuen Gesindel umgehen muss. Bald wird er merken, wer wirklich am längeren Hebel sitzt. Ich werde den Zühtü als Streikbrecher einsetzen. Zühtü ist der VW-Transporter von meinem Kumpel Hasan.

Bei aller Liebe meinerseits muss dieser bockige Ford-Transit – Baujahr 68, grasgrün, 5. Hand, 934 000 km gelaufen, Alufelgen aus Plastik, auf volle 55 PS hochfrisiert, 1500 ccm, bergab gemessen von 0 auf 100 in 3 Minuten und 12 Sekunden, sowie zwangsweise tiefer gelegt durch die 18 Koffer beim Ableisten der jährlichen Urlaubspflicht in der Heimat – endlich kapieren, dass wir unterschiedlichen Welten angehören.

Ich bin ein Mitglied der herrschenden Klasse, und dieser Idiot hat gefälligst zu spuren, wenn ich mit dem Finger am Zündschloss schnippe. Er ist mein Leibeigener! Der arme Franz-Josef ist nicht mal ein bayerischer Gastarbeiter. Ich habe ihm letztens damit gedroht, dass ich ihn an einen polnischen Autohändler verkaufe, der ihn bestimmt in die Ukraine weiterverkaufen wird. Wenn er dort immer noch solche Zicken macht, wird er in die Mongolei verschoben werden, und schneller, als er gucken kann, wird man ihn ohne einen Tropfen Wasser und Benzin in der Wüste Gobi aussetzen. Aber auf meine Drohung hat er zweimal ganz respektlos mit dem Auspuff geknallt, was sehr ekelhaft gestunken hat. Seit zwei Wochen bestrafe ich ihn deshalb mit Liebesentzug: Nach sieben Jahren schlafe ich nachts wieder bei meiner Frau! Worauf meine Frau Eminanim sehr irritiert fragte: »Osman, wen willst du denn eigentlich wirklich damit bestrafen? Den Franz-Josef oder mich?«

Ich werde den Wagen jetzt ohne Beschäftigung auf der Straße verhungern lassen, bis er endlich wieder das tut, was sein Herr von ihm will! Das mag zwar für deutsche Ohren herzlos und brutal klingen, die waschen und pflegen ihre geliebten Leibeigenen schließlich jeden Samstag und haben sie mindestens genauso lieb wie ihre Familienangehörigen, trotzdem stehe ich dazu: Es hat keinen Sinn zu leugnen, ich gebe es bereitwillig zu: Ich bin durch und durch pervers! Ich bin Ford-Transit-Quäler von ganzem Herzen! Erst kürzlich habe ich ihm zur Züchtigung ein Trabi-Lenkrad eingebaut.

Heute Morgen laufe ich sogar extra eine Haltestelle weiter, um Franz-Josef nicht den Triumph zu gönnen, mich an einem kalten Montagmorgen am Straßenrand auf den Bus warten zu sehen. Bevor ich aber weggehe, gebe ich ihm noch zwei kräftige Tritte auf die hinteren Radkappen. Und auf die verdreckten Scheiben ringsum schreibe ich: »Osman ist groß!«, »Osman ist mächtig!«, »Osman ist mein Herr und Gebieter!«, »Osman ist schlauer als alle 68er-Ford-Transits zusammen!« Mein Nachbar Nöllemeier, dem der Kiosk gegenüber gehört, hat das Ganze leider beobachtet. Während ich meine allmorgendliche Hürriyet und Bildzeitung kaufe, sage ich ihm:

»Den Unfug haben wohl die Kinder da draufgeschrieben.

Ich habe es nur nach den neuen deutschen Rechtschreibregeln korrigiert!«

»Herr Engin, das muss ein sehr weltfremdes Kind gewesen sein. Die Kinder hier in der Nachbarschaft wissen bestimmt alle, dass Sie nicht schlauer als ein 68er-Ford-Transit sind! Die kennen sich heutzutage mit Autos sehr gut aus.« Unter dem höhnischen Gelächter von Herrn Nöllemeier, dem der ganzen Kinder aus der Siedlung, meiner Frau Eminanim und aller Ford-Transits laufe ich weg, ohne ein einziges Mal nach hinten zu schauen.

Ich muss aber zugeben, ohne meinen Ford-Transit komme ich mir alleine und schutzlos vor, wie eines der vielen Hundebäbies, die in Deutschland zur Urlaubszeit einfach auf der Straße ausgesetzt werden.

Alle meine Kumpels fahren inzwischen einen dicken Mercedes, nur ich komme von meinem Franz-Josef nicht los. Deswegen gehe ich wieder zum Kinderpsychologen meiner Tochter Hatice.

»Herr Engin, wollen wir darüber reden?«, fragt mich Doktor Kuhlgeist.

»Ja, deswegen bin ich ja hier.«

»Ach so«, sagt er, »wenn Sie wollen, reden wir irgendwie doch mal darüber.«

»Das trifft sich doch ganz gut«, sage ich, »denn ich bin auch zufälligerweise deswegen hierher gekommen, um darüber zu reden.«

»Nun gut, ich würde mal sagen, lassen Sie uns mal darüber reden. Das Trauma muss in Ihrer Kindheit begründet sein«, meint der Doktor. »Sind Sie vielleicht in einem Ford-Transit geboren worden?«

»So lange sind die Türken noch nicht in Deutschland.«

»Hatten Sie vielleicht einen weißen Ford-Transit als Ihren Hochzeitswagen?«

»So jung ist meine Frau leider nicht!«

»Mein Junge, bist du vielleicht in einem grünen Ford-Transit mit einer blauen Lampe obendrauf von uniformierten Onkels misshandelt worden?«

»Ich? Wieso? Ich weiß nicht!«

»Mir kannst du alles erzählen, mein Junge. Du musst jetzt nicht rot werden. Haben die Onkels dir die Hose ausgezogen und böse Sachen mit dir gemacht?«

»Nein, Onkel Doktor, aber mein Ford-Transit macht ganz oft böse Sachen mit mir. Ich fühle mich so unverstanden von ihm. Wir reden kaum noch miteinander. Seit Wochen schlafen wir getrennt. Ich spüre doch, dass dieser Franz-Josef es förmlich genießt, dass ich gezwungen bin, wieder bei meiner Frau zu schlafen.«

»Denk mal nach, mein Kleiner, was glaubst du, warum dein Franz-Josef Strauß so doof zu dir ist?«

»Keine Ahnung, Onkel Kuhlgeist, vielleicht mag er den Namen nicht. Er fänds natürlich besser, wenn ich ihn Ferrari, Rolls Roys oder Willy Brandt genannt hätte. Meine Eltern haben mich aber auch nicht gefragt, als sie mich ›Osman‹ tauften. Außerdem will er natürlich wie seine Kumpels im Sommer nach Rimini oder Malaga fahren und nicht jedes Jahr in die anatolischen Berge. Der Mistkerl ist noch eitler als meine Frau Eminanim. Jedes Jahr will er neue Klamotten haben. Er schämt sich, jeden Winter die alten abgelatschten Sommerreifen auftragen zu müssen. Ich habe ihm einen wunderhübschen Werder-Schal ins Heckfenster gehängt. Er schämt sich dafür. In Wirklichkeit hängt er mit seinem Herzen an der Fußballmannschaft seines Geburtsortes: dem 1. FC Kölün.

Zugegeben, bei dem Trabi-Lenkrad, das ich ihm zur Strafe eingebaut habe, hat er natürlich allen Grund, eingeschnappt zu sein. Aber ich war so verzweifelt. Ich wusste nicht mehr, was ich tat! Herr Doktor, sagen Sie mir schonungslos die Wahrheit ins Gesicht. Besteht noch eine winzige Hoffnung für Franz-Josef und mich? Werde ich jemals wieder mit Franz-Josef durch die Stadt fahren können? Oder will sich dieser Ford-Transit für immer von mir trennen?«

»Halt, halt, halt! Deine Stunde ist schon wieder um. Mein achtjähriger Patient Thomas, der Stotterer, wartet schon vor der Tür. Wenn Franz-Josef damit einverstanden ist, dann bring ihn doch nächste Woche mit zur Paar-Therapie.«

Als sich in meiner Beziehung zu Franz-Josef auch nach mehrwöchiger Paar-Therapie immer noch keine Besserung abzeichnet, lasse ich ihn schweren Herzens in eine Automobil-Klinik überführen. Aber der Meister stellt nach ein paar Tagen eine vernichtende Diagnose: Mein Ford-Transit ist für sein Alter topfit. Mit anderen Worten, mein Franz-Josef ist ein Hypochonder, wie er im Buche steht! Ein eingebildeter Kranker durch und durch! Meine Gattin Eminanim hat mit diesem unglaublichen Befund offensichtlich weniger zu kämpfen als ich.

»Osman, dein Auto verhält sich doch genauso wie du. Immer wenn du etwas erkältet bist, jammerst du so, als hättest du einen Totalschaden!«

Jetzt reicht's mir aber! Jetzt werden andere Saiten aufgezogen! So schnell ich kann, laufe ich zu meinem Kumpel Hasan, um mir seinen VW-Transporter als Streikbrecher auszuleihen. Aber dieser uralte Blechkommunist Zühtü hat sich schon längst mit Franz-Josef solidarisiert und gibt beim Anlassen auch keinen Ton von sich.

Als ich enttäuscht nach Hause gehe, entdecke ich auf dem Parkplatz das Unfassbare: Mein Auto ist völlig entstellt! Alle Reifen, der Motor, die Batterie und der Kassettenrekorder fehlen! Und der grün-weiße Werder-Schal liegt achtlos im Gully.

Ich habe nie herausbekommen, ob das ein Kapitalverbrechen war oder versuchter Selbstmord!

Der Psychopath

»Herr Psychopath.«

»Mmmmm...«

»Hallo, Herr Psychopath!«

»Mhhhhh, ja...«

»Sagen Sie mal, Herr Psychopath, hören Sie mir eigentlich zu?«

»Ja, aber bitte Psychologe und nicht Psychopath.«

»Psychologe oder Psychopath, das ist doch Jacke wie Rollkragenpullover.«

»Das heißt ›Jacke wie Hose‹.«

»Weiß ich doch. Ich wollte nur mal rauskriegen, ob Sie mir wirklich zuhören, Herr Psychopath.«

»Das heißt Psychologe und nicht Psychopath.«

»Alles klar, Herr Seelenklempner, mir hört sowieso kein Mensch zu, das bin ich schon gewöhnt. Meine Kinder hören nicht auf mich. Meine Frau hat das ohnehin nie getan. Und mein Frisör hat immer mehr zu erzählen als ich. Leider bin ich auch kein Katholik, deshalb werde ich jedesmal aus dem Beichtstuhl rausgeschmissen. Zu den Tolkschows im Fernsehen lassen sie mich auch nicht, weil ich angeblich nichts Sensationelles zum Auten habe. Und nicht mal Sie wollen mir zuhören.«

»Über ›Sex änd Kraim‹ sollten Sie etwas erzählen, Herr Engin, das ist das Einzige, was die Menschen heutzutage noch interessiert. Das sage ich Ihnen gleich, wenn Sie heute wieder mit Ihrem gewöhnlichen Gesülze anfangen, dann falle ich umgehend in den Tiefschlaf.«

»Sagen Sie mal, Herr Psychopath, muss ich beim nächsten Mal eigentlich im Minirock kommen, damit Sie mich endlich wahrnehmen und mir zuhören?«

»Herr Engin, Sie wissen doch, ich will über meine Erfahrungen als Psychologe endlich ein Buch veröffentlichen. Glauben Sie, ich könnte je ein Exemplar davon verkaufen, wenn ich nur Ihren langweiligen Kram zitieren würde? Mann, kapieren Sie es doch endlich, Sex änd Kraim, das ist, was ich hören will! Gestehen Sie endlich, wann in Ihrer Kindheit Sie von Oma, Opa, Tante, Onkel, Vater, Stiefvater oder der Nachbarsfrau vergewaltigt worden sind. Der Postbote oder der Nachtwächter würden es auch tun.«

»Nein, ich kann mich nicht daran erinnern. Bisher war ich darüber auch recht glücklich.«

»Wass? Darüber sind Sie auch noch glücklich?! Sie kommen hier zum Psychoanalytiker und können nicht mal von der kleinsten seelischen Vergewaltigung berichten? Jetzt kommen Sie mal auf den Punkt, Herr Engin! Wenn Sie nicht auf der Stelle was Spannendes erzählen, was wirklich schön ekelhaft ist, dann schlafe ich wirklich sofort wieder ein. Ich hoffe, Sie sitzen bequem auf meinem Stuhl.«

»In den Filmen war das eigentlich immer umgekehrt. Im Kino lag immer der Patient auf dem Sofa und der Doktor analysierte auf seinem Stuhl.«

»Das war früher zu Sigmunds Zeiten so. Der moderne Psychologe von heute weiß ein kleines Nickerchen zu schätzen. Von mir aus können Sie auch ein bisschen schlafen. Da drüben ist eine Decke, bitte bedienen Sie sich.«

»Das ist nett von Ihnen. Ich habe die letzte Nacht sowieso nicht schlafen können. Eminanim hat wieder mal unsere dreißigjährige Ehe im Schnelldurchgang Revue passieren lassen, und da war nicht viel Erfreuliches zu berichten. Außer, dass die Kinder geboren wurden. Da musste sie immer für ein paar Tage ins Krankenhaus, und ich hatte endlich meine Ruhe.«

»Schnarch, schnarch, zzzzzz!«

»Ja, ja, das ist schon wahr. Aber sie kam leider immer wieder zurück, so wie eine Brieftaube. Und obwohl ich absichtlich die Krankenhauskosten nicht bezahlt habe, hat man sie nicht dortbehalten. In der Türkei funktioniert das viel besser. Wenn da die Angehörigen kein Geld bezahlen, dann wird der Patient als Geisel genommen und für immer im Keller eingesperrt.«

»Zzzsss!«

»Doch, doch, selbstverständlich. Ohne Moos nix los!«

»Zzzzzsss!«

»Ich schwöre Ihnen!«

»Zzzzzsss!«

»Ob man sie nicht rauslässt, wollen Sie wissen?«

»Zzzzzzssssssch!«

»Wenn sie ein paar Nieren oder Lebern als Pfand im Gefängnis ... ich meine natürlich im Krankenhaus lassen, dann lässt man die Patienten wieder laufen.«

»Zzzzzz...«

»Genau. Aber das Krankenhaus hat mir Eminanim immer vor die Tür gesetzt, komplett mit allen Nieren und Lebern. Wenn sie wenigstens ihre gehässige Zunge dabehalten hätten. Nein, sie kam jedes Mal komplett, und sie brachte zusätzlich noch jemanden mit, den ich dann ernähren und großziehen musste.«

»Zzzzzzsss!«

»Stimmt genau! Fünf anstrengende Kinder meine ich. Seitdem weiß ich die Ruhe an meiner Pressmaschine in Halle 4 zu schätzen. Zu Hause habe ich nichts als Ärger. Und was blieb mir in meiner Not daheim als einzige Freude? Ich habe angefangen, auf meinem Balkon kleine Strauchtomaten zu züchten.«

»Waas? Was haben Sie in Ihrer Not gemacht? Notzucht? Vergewaltigung? Sie haben auf dem Balkon eine Frau Strauch vergewaltigt?«

»Nein, die Tomaten …«

»Was? Sie haben Tomaten vergewaltigt? Igiitt, ich habe schon immer geahnt, dass Sie ein perverses Schwein sind. Aber warum gerade auf dem Balkon? Wollten Sie, dass Ihnen alle dabei zusehen? Für uns Psychologen ist das absolut verständlich. Die unbefriedigte Libido erweckt primitive Regungen, wie etwa das Bedürfnis nach Exhibition, den Lustmordimpuls oder anderen Schweinkram.«

»Aber Herr Psycho… ich habe doch nichts Verbotenes gemacht, wie etwa Rauschgift anbauen oder so. Ich habe auf unserem Balkon für meinen Salat nur einfache, kleine, rote Tomaten gezüchtet.«

»Zzss… hrhrhr… zzzzz!«

»Ja, ja, und ich musste jahrelang arbeiten und arbeiten. Wie ein Tier musste ich schuften.«

»Zzzzzz…«

»Doch, doch, und dieser herzlose Meister gab mir immer wieder Jobs, auf die ich überhaupt keine Lust hatte.«

»Na endlich, da haben wir es ja. Das ist Nötigung am Arbeitsplatz. Seelische Vergewaltigung ist das! Und Sie sagen, Sie wären nie vergewaltigt worden. Ich sage Ihnen, Herr Engin, das ist ein ganz hinterhältiger Trick der herrschenden Klasse. Diese Form der Sexualität am Arbeitsplatz soll doch nur vom Klassenkampf ablenken. Das Problem kannten schon Marx und die Neandertaler.«

»Die beiden Kollegen kenne ich nicht. Bei uns in Halle 4 arbeiten die jedenfalls nicht. Aber stimmt das wirklich? Bin ich jetzt vom Meister vergewaltigt worden? Bin ich jetzt kein Mann mehr?«

»Ganz ruhig, Herr Engin. Sie sind immer noch ein Mann, aber ein klein bisschen entehrt sind Sie schon. Sie sind jetzt halt eine miese, kleine, stinkende Kreatur, die jeder ehrbare Mensch verachten wird!«

»Bei Allah, das habe ich nicht gewusst! Wie soll ich meiner Frau jemals wieder in die Augen schauen. Was soll ich jetzt bloß machen?«

»Das ist ganz allein Ihr Problem, Herr Engin. Niemand kann Ihre Schande jemals wieder rückgängig machen. Sie müssen mit diesem Makel alleine fertig werden.«

»Ich ... ich ... ich werde mich umbringen, jetzt sofort!«

»Auch das ist keine Lösung, Herr Engin. Egal, ob Sie sich selbst oder den Meister umbringen, im Jenseits wären Sie mit der Schande trotzdem wieder ganz alleine. Und darüber hinaus müssten Sie sich zusätzlich für einen Mord oder Selbstmord verantworten.«

»Dann sagen Sie mir doch endlich, was ich machen soll!«

»Es gibt Situationen zwischen Himmel und Erde, da kann Ihnen kein Arzt helfen. Damit müssen Sie wohl oder übel ganz alleine fertig werden.«

»Aber wie denn?«

»Entspannen Sie sich, lassen Sie sich fallen. Gehen Sie in sich hinein.«

»Gut, ich bin drin!«

»Was sehen Sie?«

»Gar nichts, es ist stockdunkel.«

»Machen Sie den Mund auf, dann wird's heller. Was sehen Sie jetzt?«

»Ein ekliges Magengeschwür.«

»Das ist die falsche Stelle, Sie müssen in Ihre Seele hineinschauen.«

»Nein, damit will ich nichts zu tun haben. Die ist vergewaltigt worden.«

»Das ist ja fantastisch. Jetzt haben wir endlich ein anständiges Problem zu analysieren.«

»Was? Schon wieder ein Problem? Wissen Sie was, Herr Psychopath, immer wenn ich bei Ihnen war, habe ich hinterher mehr Probleme als vorher.«

»Wenn das wirklich so ist, Herr Engin, dann sind wir auf dem richtigen Weg. Ich habe auch schon einen Titel für mein Buch: *Osman, das Ekelpaket – Geschichte eines Türken in Deutschland!*«

Leseverbot in Bayern

Bitte melden! Das ist eine offizielle Vermisstenanzeige!

Ich suche händeringend meinen literarischen Förderer!

Meine Frau Eminanim hatte vor einiger Zeit für mich schon wieder eine Lesereise organisiert. Immer wenn sie mich nicht mehr sehen will, findet sie irgendwelche Läden, wo ich vor drei gelangweilten Leuten meine Geschichten vorlesen muss. Und wenn sie mich gar nicht mehr sehen kann, schickt sie mich bis nach Bayern!

Vor ein paar Monaten war es wohl ganz besonders schlimm, und sie schickte mich gleich für eine ganze Woche nach Bayern in die Verbannung.

Meine erste Station im Exil war ein Café in München, das irgendeinem Kerl aus Eminanims Verwandtschaft gehört. Und die fünf Zuhörer waren wohl auch irgendwelche Bekannten aus ihrem Dorf, intelligent genug, um ruhig zu sitzen und die Sonnenblumenkerne nicht auf den Boden zu spucken, so sahen sie jedenfalls aus. Und zu unser aller Überraschung kam dann auch noch ein deutscher Besucher rein. Der hatte sich vermutlich verlaufen und wollte nur was trinken. Obwohl seine Nase eindeutig signalisierte, dass er schon mehr als genug getrunken hatte.

Der Irrläufer hielt bis zur Pause auch tapfer durch. Genau wie die anderen fünf Pappnasen aus Eminanims Heimatdorf.

In der Pause entpuppte sich der Irrläufer aber als der Lehrer der Schulklasse, vor der ich morgen lesen sollte. Er war keineswegs vom Weg abgekommen, sondern wollte mir vielmehr Bescheid sagen, dass die Lesung morgen in seiner Klasse – in irgendeinem Kaff in der Nähe von Bad Tölz – leider nicht stattfindet und ich mir den Weg bis dahin sparen kann.

»Herr Engin, unser Schulleiter möchte nicht, dass Sie morgen Früh in unserer Schule lesen«, murmelte er verlegen.

»Warum nicht?«, fragte ich völlig überrascht.

»Weil wir morgen Nachmittag ein Volleyballturnier in unserer Schule haben.«

»Das sehe ich ein. Aber ich darf noch nicht nach Hause zurück. Dann komme ich eben übermorgen zu euch.«

»Geht auch nicht. Übermorgen haben wir Vorbereitung für das Oktoberfest.«

»Tag danach?«, ließ ich nicht locker.

»Da hat die Fußballmannschaft vom FC Unterhaching eine Autogrammstunde in der Schule.« Und dann rückte er endlich mit der Wahrheit raus:

»Nein, er ist einfach dagegen, dass Sie aus Ihrem Roman ›Kanaken-Gandhi‹ in unserer Schule lesen!«

»Aber Sie haben mich doch selber eingeladen«, sagte ich verblüfft.

»Ich schon, aber unser Rektor hat erst dieses Wochenende in Ihr Buch reingeguckt und hat die Lesung dann völlig spontan zu unserem großen Entsetzen und Bedauern verboten.«

Der Cafébetreiber rief sofort seinen Kumpel Erkan an.

Erkan ist ein Reporter vom türkischen Massenblatt Hürriyet.

Die Schlagzeile seiner Zeitung am nächsten Tag lautete deshalb:

»Verbot für türkischen Satiriker in Bayern! Türkischer Autor Osman Engin darf in Bayern nicht lesen!«

Radio Bremen zog nach, und ich hörte zu meiner Überraschung in den Nachrichten:

»Unser Osman ist in Bayern verboten worden!«

Die Bremer waren ohnehin unglaublich sauer, dass die Bayern uns die Fußballmeisterschaft schon wieder haarscharf weggeschnappt hatten.

Die Süddeutsche Zeitung, die taz, der Spiegel und Süper-Illu zogen nach und berichteten sehr ausführlich. Kein einziges Buch von mir hat jemals so viel Aufmerksamkeit erregt wie dieses Verbot. Und dank des Pressewirbels wurde ich sogar bis nach Österreich und in die Schweiz eingeladen. Worüber sich besonders Eminanim riesig gefreut hat. Die Verkaufszahlen schossen in den Himmel: zehn Stück anstatt nur fünf!

Der Schulleiter wurde allerdings in irgendeine Behörde in München versetzt – oder befördert. Alle Lehrer bedankten sich deswegen höflich bei mir.

»Herr Engin, der hat schon öfters nach seinem reaktionären Gutdünken Veranstaltungen verboten«, sagten sie, »aber leider wurde nie so viel Theater darum gemacht wie in Ihrem Fall. Deshalb konnte er schalten und walten, wie er wollte.«

»Wo kann ich den Mann finden?«, fragte ich, »ich will mich unbedingt bei ihm bedanken für diese unglaublich gute Werbung und Pablisiti, die er mir ermöglicht hat.«

»Wissen wir nicht«, sagten die Lehrer, »wir sind nur froh, dass wir ihn los sind!«

Deshalb rufe ich hiermit öffentlich:

»Mein lieber bayrischer Förderer, bitte melde dich bei mir!«

Türkischer Münchhausen

Meine Frau hat für mich wieder eine Lesereise quer durch Bayern organisiert. Sie hat mich in ein ganz kleines unscheinbares Dörfchen geschickt. Einen noch kleineren Weiler hat sie vermutlich nicht finden können. Zum Übernachten bekomme ich den Dachboden über der Scheune des Veranstalters. Dem auch das einzige Gasthaus des Dorfes gehört und der – wie sollte es auch anders sein – als Mädchen für alles natürlich einen entfernten Verwandten von Eminanim beschäftigt.

Als ich am nächsten Morgen, genau wie früher in der Türkei, bei Sonnenaufgang mit Hahn- und Kuhgeräuschen aufwache, hab ich erstmal erhebliche Schwierigkeiten, zu realisieren, wo ich gelandet bin. Mein Gedächtnis weist riesige Lücken wie ein Scheunentor auf. Aber als ich dann das echte Scheunentor unter mir erblicke, bin ich sofort wieder im Bilde. Ich klettere die Leiter runter in die Scheune und gehe zum Gasthaus, um zu frühstücken.

Mitten auf dem Dorfplatz, direkt neben dem Brunnen, steht eine große schwarze Tafel, an der nur ein einziges, von Hand geschriebenes Plakat über meine Lesung – hoffentlich wird es auch eine – hängt.

»Der große Dramatiker Osman Engin kommt!«

Ich hab in Bremen selber genau gehört, wie meine Frau am Telefon gesagt hat:

»Der kleine Satiriker Osman Engin!«

Aber ich mache den beiden Wörtern »kleine« und »Satiriker« keine Vorwürfe. Ich weiß, wie schwer es ist, nach so langer Reise heil hier anzukommen. Ich selbst war gestern nach 800 Kilometern Fahrt mit dem Auto auch ziemlich entstellt. Deshalb wundert es mich nicht weiter, dass die beiden armen Wörter »kleine« und »Satiriker« nach so langer mühsamer Strecke hier als »großer« und »Dramatiker« ankamen. Aber wie gesagt, ich beschwere mich gar nicht! Es hätte ja auch schlimmer kommen können. Zum Beispiel als »hässlicher« und »Neurotiker»! So gesehen hab ich noch Glück im Unglück gehabt!

Nach dem leckeren Bauernfrühstück mit viel angebranntem Speck und einem Dutzend hart gekochten Eiern gehe ich wieder raus, um mein neues Dorf zu erkunden. Und komme erneut am Brunnen vorbei. In diesem Dorf ist es unmöglich, irgendwohin gehen zu wollen und nicht am Brunnen vorbeizukommen. Vielleicht kennen ja die Jugendlichen irgendwelche verschlungene Pfade, wie sie mit ihren heimlichen Mädels aus dem Dorf in den Wald schleichen können, ohne erwischt zu werden. Aber ich bin mir nicht sicher, ob es in diesem ausgestorbenen Dorf Jugendliche gibt. Ich bezweifle sogar, dass es in diesem gottverlassenen Kaff überhaupt Menschen gibt! Außer dem Bauern mit dem Gasthaus und seinem türkischen Knecht habe ich noch keine Menschenseele hier gesehen.

Eminanim würde sich selbst übertreffen, wenn sie mangels Publikum für mich eine Lesung vor lauter Kühen und Ochsen organisiert hätte. Ich meine richtige Kühe und Ochsen, die auf vier und nicht auf zwei Beinen rumlaufen und die während der Lesung nicht an Sonnenblumenkernen, sondern an Stroh knabbern.

Ich sehe plötzlich, dass jemand an meinem Plakat einige Änderungen vorgenommen hat. Es leben hier also offenbar doch nicht nur Kühe, sondern auch noch schreibkundige, hoch zivilisierte Menschen.

Aus meinem Namen »Osman« hat derjenige »Osmanen« gemacht und dahinter mit großen Buchstaben »RAUS!« geschrieben: »Osmanen RAUS!« Das mit dem »zivilisiert« muss ich leider doch wieder zurücknehmen.

Ich streiche hinter dem »Osman« die Endung »en« durch und kritzle vor dem Wort »RAUS« die Wörter »sagt« und »Nazis« rein. Also aus dem blöden »Osmanen RAUS« habe ich ein geniales »Osman sagt: Nazis RAUS!« gezaubert!

Eine Stunde später war der unsichtbare Botschafter wieder a m Werk. »Nazis« ist durchgestrichen und mit »Türken« ersetzt worden. »Türken RAUS!« ist diesmal auf dem Plakat zu lesen. Kreativ wie ich bin, ersetze ich das Wort »RAUS« mit »REIN«. Obwohl kein Mensch zu sehen ist, bekommt das Dorf über mein Plakat ständig neue Botschaften.

Ich halte es auf meinem Strohbett in meiner Scheune keine volle Stunde aus und laufe sofort zum Dorfplatz, um zu sehen, ob ich neue E-Mails bekommen habe. In der Tat, der menschenscheue, schüchterne Nazi war wieder am Werk! Meinen kurzen Satz »Türken REIN!« hat er nun um drei weitere Wörter ergänzt: »Türken REIN in die Abschiebehaft!«

Ich hole meinen Filzstift raus. Nachdem ich mit dem Plakat fertig bin, ist da zu lesen:

»Türken REIN in die Münchner Häuser!« Zugegeben, nicht ganz originell. Aber das war das Beste, was ich auf die Schnelle aus seinem Satz machen konnte.

Kurz vor der Lesung gehe ich wieder raus auf den Dorfplatz und lese die aktuelle Auflage des Plakates. Nach einigen Ergänzungen, Pfeilen und Durchstreichereien ist jetzt zu lesen:

»Du Türkischer Münchhausen«.

Leider habe ich keine Zeit mehr und auf dem kleinen Plakat ist auch kein Platz mehr, darauf genauso geistreich zu antworten. Denn die Massen warten auf meine Lesung. Ich schnappe mir meine Unterlagen und gehe rüber zum Gasthaus. Und siehe da, welche Freude! Außer dem gastfreundlichen Gastwirt und seinem türkischen Knecht ist noch eine dritte Person in der Kneipe.

»Guten Abend, meine Herren, ich bin der türkische Münchhausen«, begrüße ich das zahlreich erschienene Publikum betont freundlich.

Meine beiden Gastgeber schauen mich völlig verwirrt an. Was man von dem einzigen Besucher der Lesung wirklich nicht behaupten kann. Er guckt hinsichtlich meines neuen Namens so vertraut durch die Gegend, als hätte er mich schon damals bei meiner Geburt eigenhändig »Türkischer Münchhausen« getauft!

Der wahre Beamtenwitz

Eine Ostfriesin bittet einen Türken, sie zu einer deutschen Behörde zu begleiten.

Nein, nein, keine Angst, das wird kein Ostfriesinnenwitz. Denn diese Ostfriesin ist meine Schwiegertochter Helga. Die Frau von meinem älteren Sohn Recep. Der verfluchte Kommunist Mehmet hat ja einen ganzen Harem mit hübschen Weibern um sich, der arme Recep bekam nur diese Ostfriesin. In Wirklichkeit bittet mich Helga aber nur wegen dem Franz-Josef, meinem Ford-Transit. Ich bin einverstanden. Franz-Josef auch. Allerdings erst, nachdem wir ihn zwei Kilometer angeschoben haben, damit er überhaupt anspringt. Bei Mehmet und seinen aufgetakelten Weibern springt er sofort an, wenn er sie von Weitem nur riecht.

Also fahren wir alle drei – ich, Helga und Franz-Josef – zur Erziehungsgeldstelle. Helga will einen Antrag dort abgeben, damit sie für ein Jahr Erziehungsurlaub bekommt.

»Sie wollen also für drei Jahre Erziehungsurlaub haben?«, sagt die Beamtin, nachdem sie sich die Unterlagen gründlich angeschaut hat.

»Nein, nein, ich will nur für ein Jahr«, meint Helga.

»Aber Sie haben doch hier das Kästchen für ›Erstantrag‹ angekreuzt.«

»Natürlich, das ist doch mein erster Antrag auf Erziehungsurlaub. Schließlich ist es auch mein erstes Kind!«

»Das hat doch nichts mit der Anzahl der Anträge oder der Kinder zu tun. Das heißt lediglich, Sie wollen für drei Jahre Erziehungsurlaub haben.«

»Nein, will ich nicht, ich will nur für ein Jahr! Wenn ich länger aussetze, ist der Job weg.«

»Ja, wenn das so ist, warum haben Sie dann nicht das Kästchen angekreuzt, wo ›Budget‹ steht?«

»Entschuldigung, das verstehe ich nicht. ›Budget‹ bedeutet doch nicht ›ein Jahr‹.«

»Ach, ist das ein Elend mit diesen Ausländern!«, schüttelt die Beamtin abfällig den Kopf.

Was meint sie wohl mit dem Wort »Ausländer«? Meint sie damit Helgas ostfriesische Abstammung oder ihren türkischen Nachnamen?

»Nun hat sie schon einen deutschen Pass, aber sie kann immer noch kein Deutsch!«, ruft sie weiter, »was heutzutage alles Deutscher werden darf?!«

»Was soll das heißen? Bin ich etwa keine Deutsche mehr, nur weil ich ein französisches Wort nicht verstehe?! Abgesehen davon heißt doch ›Budget‹ nicht ›ein Jahr‹!«

Ich trete meiner Schwiegertochter unauffällig ans Schienbein. In all den Jahren habe ich eines gelernt: Es ist überhaupt nicht vorteilhaft, sich die Sachbearbeiterin zur Feindin zu machen. Auf dem Gebiet habe ich genug Erfahrung mit Frau Kottzmeyer-Göbelsberg von der Ausländerbehörde gesammelt.

»Also gut, jetzt geben Sie mir bitte das Formular her, und ich kreuze das andere Kästchen an«, sagt Helga.

»Das geht aber nicht, so läuft das Spiel nicht.«

»Wie bitte? Sie haben doch gesagt, ich soll das andere ankreuzen! Also geben Sie das Formular her.«

»Junge Frau, die Unterlagen gehören Ihnen nicht mehr. Die sind jetzt Behördeneigentum.«

»Ich will nur was korrigieren.«

»Tut mir Leid, das geht nicht. Sie haben sie mir übergeben, damit sind sie im Besitz des deutschen Staates.«

»Aber ich will doch nur ein Jahr mit der Arbeit aufhören!«

»Tja, das hätten Sie sich vorher überlegen sollen!«

»Ich hab es überlegt! Nun lassen Sie mich doch das richtige Kreuzchen machen.«

»Also hören Sie mal, nehmen Sie gefälligst Ihre illegalen Finger hier weg! Denken Sie etwa, jeder dahergelaufene Trottel kann hier in Staatsunterlagen rumkritzeln?«

»Gute Frau, meine Schwiegertochter ist zwar sehr stattlich, aber sie ist kein Staat. Sie will nicht in Staatsunterlagen rumkrit zeln, sondern in Helgaunterlagen.«

»Jetzt passen Sie mal auf! Ich weiß, es ist für Sie schwierig zu verstehen, aber ich habe die Daten und Fakten bereits im Computer eingetragen. Damit ist ein Behördenvorgang angelegt worden, und da kann man nicht mehr eingreifen«.

»Aber wozu hat man denn den Computer erfunden? Damit man hinterher alles leichter korrigieren kann«, entgegnet Helga völlig aufgebracht.

In dem Augenblick schnappe ich mir blitzschnell das Formular. Aber die Beamtin ist auch nicht von schlechten Eltern und verteidigt ihre Papiere wie eine Löwenmutter. Ich ziehe, sie zieht! Ich ziehe, sie zieht!

»Sind Sie verrückt geworden, das ist Behördeneigentum! Wenn Sie das Blatt beschädigen, werde ich Sie anzeigen! Dann werden Sie sehen, was Sie davon haben!«, kreischt sie völlig rot im Gesicht.

»Ja gut, wie Sie wollen.«

Ich lasse das Formular los, und sie fliegt durch den ganzen Raum nach hinten und klatscht an die Wand.

»Sie Behördendieb, Sie Frauenschänder!«, brüllt sie mich vom Fußboden aus an.

»Okä, okä, nichts für ungut«, ruft Helga dazwischen, »das ist den Ärger nicht wert. Ich ziehe meinen Antrag hiermit zurück.«

»Das könnte Ihnen wohl so passen«, sagt die Beamtin und setzt sich wieder auf ihren Stuhl.

»Hören Sie, ich will mit Ihnen nichts mehr zu tun haben«, ruft Helga. »Ich möchte nur noch meinen Antrag zurück.«

»Sie haben den Antrag bereits eingereicht. Und diesen Vorgang können Sie nicht wieder rückgängig machen.«

»Ich habe noch nichts eingereiht. Ich bin doch gerade erst dabei.«

»Das können Sie sehen, wie Sie wollen. Aber Sie können sicher sein, dass ich Ihren Antrag ablehnen werde. Wenn Sie Lust haben, dann können Sie Widerspruch einlegen. Das bleibt Ihnen überlassen.«

»Wozu der ganze Umstand? Lassen Sie doch meinen Fehler korrigieren, wenn das doch ein Fehler war!«

»Ich sag's noch mal: Sie können Widerspruch einlegen. Und wenn Sie dann irgendwann mal Recht bekommen sollten, dann bekommen Sie Ihr Geld.«

»Ich drehe gleich durch! Ich will sofort meinen Antrag zurück, verdammt noch mal. Sie können Ihr Erziehungsgeld behalten. Und das Kind gebe ich Ihnen als Zugabe dazu! Es ist nämlich genauso störrisch wie Sie!«

»Brüllen Sie hier nicht rum, wir sind doch nicht im Orient! Die Unterlagen sind bereits in der Akte.«

In dem Moment lenkt ein Anruf die Sachbearbeiterin etwas

ab, und wie ein Tiger schnappe ich mir das Formular. Blitzschnell kreuze ich auch noch das andere Kästchen an und gebe das Papier triumphierend zurück. Wutschnaubend streicht sie es mit einem dicken roten Filzstift durch. Hastig notiert sie irgendwas daneben und stempelt es dann ab.

»Das wollen wir doch mal sehen. Das wird ein Nachspiel haben, mein Herr! Kein Zivilist ist berechtigt, in Behördeneigentum rumzupfuschen. Und jetzt raus hier!«

»Schmeißen Sie meinen alten Antrag weg und geben Sie mir ein neues Formular. Ich will meinen Antrag neu ausfüllen«, fleht Helga.

»Kapieren Sie doch endlich, Ihr Antrag ist bereits in der Akte!«

»Was ist das denn für ein Schwachsinn? Ich kann weder einen neuen Antrag stellen noch den alten zurückziehen!«

Von einem zweiten Telefonanruf ermutigt, der die Beamtin erneut ablenkt, fische ich wie ein Zauberer das ominöse Blatt aus der Akte und stecke es sofort in meinen Mund. Ich kaue so schnell ich kann und schlucke alles auf einmal runter.

»Machen Sie sofort den Mund auf! Geben Sie mein Formular her!«

Grinsend strecke ich ihr meine Zunge raus und zeige meinen leeren Mund.

Die Beamtin traut ihren Augen nicht und bekommt kein Wort mehr heraus. Bei den Ostfriesen mag sie ja vielleicht noch die Oberhand gewinnen, aber gegen eine echte orientalische Lösung des Problems kann man einfach nichts tun.

»Danke, hat gut geschmeckt«, schmatze ich, »haben Sie noch mehr davon?«

Hürriyet-Türke

Oh Gott, dieser alltägliche Rassismus der Deutschen macht mich einfach fertig. Und schuld daran ist nur mein kommunistischer Sohn Mehmet. Natürlich nicht daran, dass die Deutschen bis zum Abwinken fremdenfeindlich sind, sondern daran, dass ich diese grauenhafte Situation heute Morgen an der Bushaltestelle leif ertragen muss. Er hat heute Nacht schon wieder meinen Ford-Transit geklaut, so dass ich in diesem ekeligen Nieselregen ziemlich übel gelaunt bis zur Bushaltestelle laufen darf. Und dort muss ich mit ansehen, dass ein armer Türke mit seiner Hürriyet-Zeitung in der Hand, wie der einzige Überlebende nach einer Schiffskatastrophe auf einer einsamen Insel, völlig allein unter dem Regendach steht. Die anderen ertrinken lieber in den Wassermassen, als dass jemand von ihm was wissen will.

Ungefähr 20 Deutsche stehen hochnäsig und arrogant mit dem Rücken zu ihm, werden klitschnass und warten sehnsüchtig auf den rettenden Bus. Sie machen den Eindruck, als wären sie bereit, sofort in jeden Bus zu steigen, Hauptsache weg von hier, weg von diesem lästigen Türken.

Dabei können sie vor uns überhaupt nicht weglaufen. Das ist genau wie das berühmte Hase-und-Igel-Spiel: Wir sind doch schon über 40 Jahre hier. Vor 400 Jahren waren wir schon mal da. Und bald sind wir in der EU; in 40 oder auch in 400 Jahren!

Der Türke hat zurzeit auf der Insel der Glückseligen nichts zu suchen. Erst wenn er wirklich selig ist, darf er das Glück suchen.

Das hat auch der Hürriyet-Türke verstanden und versteckt sich hinter seiner Zeitung. Manchmal traut er sich vor und lächelt freundlich über den Rand seiner Zeitung alle Umstehenden mit seinen Goldzähnen an.

Unglaublich, dieser Rassismus macht mich fertig. Nur weil der Kollege schwarze Haare und ein paar Goldzähne hat. Wenn der wenigstens schwarze Haut und einige Goldkettchen hätte.

Zur meiner Enttäuschung erblicke ich auch noch den blonden Hasan, der Hans sein will. Ich meine diesen ausländischen Nachbarn, der deutscher als alle Ost-Deutschen zusammen sein möchte. Sein Abstand zu dem Hürriyethalter ist mindestens doppelt so groß wie der der Naturblonden.

Weiß er denn nicht, dass man vor sich selber nicht weglaufen kann?

Weiß er denn nicht, dass man reden anstatt wegrennen muss?

Weiß er denn nicht, dass er bei dem Abstand gleich den Bus verpasst?

Weiß er denn nicht, dass der Regen das Blonde aus seinen schwarzen Haaren rausspült?

Ich kann das nicht mehr mit ansehen!

Ich hasse Diskriminierungen jeglicher Art. Selbst an der Bushaltestelle!

Ich kann meinen Kopf nicht in den Sand stecken; oder in eine Regenpfütze.

Ich zeige Zivilcourage im Alltag und stelle mich solidarisch direkt neben den ausgestoßenen Hürriyetleser mit dem glänzenden Goldgebiss. Und renne sofort wieder weg wie von dem gebissen.

»Verflucht, der Kerl stinkt ja wie ’n orientalischer Puff«, rufe ich dem armen triefenden Deutschen neben mir zu.

»Ja, fürchterlich«, stöhnt er, »der gute Mann hat sich mit Sicherheit zehn Flaschen Parfüm über den Kopf geschüttet!«

»Ich laufe lieber die ganze Strecke bis Halle 4«, schimpfe ich sauer, »mit dem Stinktier da drüben steige ich nie im Leben in den gleichen Bus ein!«

Döner-Falle

»Osman, lauf mal schnell zum Mäk-Döner und schnapp dir zehn knusprige Döner mit viel Reis und Salat. Aber diesmal nicht mit so viel Knoblauch, hörst du? Wenn diese Gauner dort einen Türken sehen, dann denken sie gleich, sie müssten all ihren stinkigen Knoblauch loswerden.«

»Eminanim, was ist los, wofür brauchen wir zehn Riesenportionen Döner? Wer soll denn das alles essen? Das schaffst ja nicht mal du, oder bricht heute Abend der dritte Weltkrieg aus?«, frage ich erstaunt.

»Fadimanim hat gerade angerufen, sie und Ahmet wollen uns gleich besuchen. Wir haben nichts Essbares zu Hause. Sogar die Mäuse unten im Keller krepieren reihenweise vor unserer leeren Tiefkühltruhe.«

»Soll ich etwa für die Mäuse zehn Portionen Mäk-Döner kaufen, oder was?«

»Nein, um die kümmere ich mich später. Jetzt fahr endlich los, die Gäste sind bestimmt gleich da!«

»Ist gut, was für einen Döner soll ich denn mitbringen? Hähnchen-Döner oder Kinder-Döner?«

»Du meinst wohl Hähnchen- oder Rinder-Döner?«

»Nein, ich meine genau das, was ich sage: Kinder-Döner! Aber ich weiß natürlich nicht, wie alt die Kinder waren, als sie aufgespießt worden sind. Das stand nicht drauf.«

»Osman, was redest du denn hier wieder für einen Schwachsinn? Mit solchen Tricks kannst du meinen Appetit auf Döner nicht verderben!«

»Ich sag doch nur, was ich an dem Fenster von dem Imbiss gelesen habe: Hähnchen-Döner 5 Euro, Kinder-Döner 2,50 Euro.«

»Ich mag beides nicht. Du gehst jetzt los und holst ganz normale Rinder-Döner, zehn Stück. Rinder, hörst du, keine Kinder! Und auch keine Inder!«

Eminanim traut den türkischen Köchen wohl alles zu!

Ich parke meinen Ford-Transit direkt vor dem Laden und gehe rein.

»Merhaba, zehn Döner möchte ich haben«, rufe ich.

»Hier essen oder mitnehmen?«, fragt mich der Junge hinter dem Tresen.

»Die ersten zehn Portionen will ich erstmal hier essen, danach will ich nochmal zehn zum Mitnehmen haben.«

»Verzeihung, Bruder, ist mir so rausgerutscht. Das war nur 'ne Routinefrage«, lacht er.

»Der Spieß da hat ja nicht mehr viel auf den Rippen, reicht es noch für mich aus?«, frage ich besorgt.

»Mach dir keine Sorgen, damit kriege ich noch ganz Bremen satt!«

Dann kommt ein anderer junger Bursche rein, und sie machen Schichtwechsel. Er gibt dem Neuen seinen kurzen Kittel, das lange Messer, das öltriefende Handtuch ab und sagt:

»Du, Erhan, ich muss dir unbedingt erzählen, was mir gestern passiert ist. Du kannst es dir nicht vorstellen, so eine unglaublich verrückte und interessante Geschichte hast du bestimmt noch nie gehört! Du wirst vor Lachen garantiert in die Hose machen!«

Ich spitze sofort die Ohren. Diese Geschichte interessiert mich plötzlich viel mehr als jede Art von Döner. Ich wittere die einmalige Chance, die lustigste und abgefahrenste Story aller Zeiten aufschnappen zu können.

»Erhan, du musst noch vier Döner für den Herrn fertig machen, sechs habe ich schon«, sagt er dann.

»Jungs, es ist nicht so eilig. Ihr könnt noch in aller Ruhe weiterreden«, werfe ich ein.

»Ich mach's gleich fertig«, sagt Erhan.

»Nicht doch, lass dir Zeit! Du bist doch gerade erst gekommen und willst dir eine gute Geschichte anhören.«

Ich will nicht, dass die merken, dass ich scharf auf die Story bin.

»Scharf?«, fragt er.

»Nein, nein, ich bin überhaupt nicht scharf auf die Geschichte«, versuche ich verzweifelt zu lügen.

»Ich meine, sollen die vier Döner scharf sein?«, fragt er wieder.

»Ja, von mir aus ein bisschen schon. Aber lass dir nur genug Zeit damit. Ich will, dass die letzten vier gut durchgebraten sind.«

»Du, Asik, gestern habe ich bis 6 Uhr morgens Fernsehen geguckt«, sagt der Neue plötzlich zu dem Jungen mit der interessantesten Story der Menschheitsgeschichte.

»Und was hast du denn so alles geguckt?«, fragt Asik.

»Ach, was soll er denn schon geguckt haben? Um diese Uhrzeit gibt es in der Glotze sowieso nichts Vernünftiges«, versuche ich das Thema abzuwürgen.

»Im Prinzip hast du Recht, Bruder, aber gestern konnte ich einfach nicht aufhören zu gucken ...«

»Aber die wirklich interessanten Geschichten schreibt das

wahre Leben, so wie dein Kollege Asik eine erlebt hat und gleich erzählen will«, gebe ich dem anderen eine tolle Steilvorlage.

»Ich wollte ja auch gar nicht so lange gucken«, ruft Erhan wieder unverschämt dazwischen, »aber um 2 Uhr in der Nacht fängt ein Film mit John Wayne an. Stell dir das mal vor! Wer kann schon zu John Wayne nein sagen, Bruder?«

»Ich kann's! Den hab ich noch nie gemocht! Wieder so ein alter Schinken«, brülle ich geringschätzig, »in den letzten 30 Jahren wurden alle seine langweiligen Filme mindestens 100 Mal wiederholt!«

»Das kann schon sein, aber ich bin erst seit einem Jahr in Deutschland, und diesen Film hatte ich noch nie gesehen. Weißt du, wo er als Scheriff die Kleinstadt ganz allein gegen fünf brutale Gauner verteidigt, obwohl selbst der Richter, der natürlich auch ganz korrupt bis zum Anschlag ist, ihm nahe legt, gefälligst sofort die Stadt zu verlassen und ...«

In dem Moment sehe ich, wie Asik gerade seine Jacke schnappt und hastig den Laden verlässt. Diesen Vorgang finde ich viel dramatischer und schwerwiegender als das Verhalten John Waynes in diesem blöden Film.

»Bruder, wo willst du hin? Du wolltest doch deinem Kollegen deine Superstory erzählen«, versuche ich ihn aufzuhalten.

»Ach, ist nicht so eilig, das kann ich auch morgen erzählen, wenn er wieder die Schicht übernimmt.«

Und dann quält dieser Erhan mich stundenlang mit seinem dämlichen John-Wayne-Film, obwohl ich mindestens ein Dutzend Mal interveniere, dass ich diesen uralten Schinken doch rückwärts kenne und die Döners inzwischen hart, kalt und alt geworden sind. Aber das interessiert ihn nicht die Bohne.

Ich bekomme die zehn Döner nicht rübergereicht, bevor John Wayne nicht alle fünf Gauner nacheinander erledigt, die heuchlerische Stadt gerettet und die bildhübsche Hauptdarstellerin abgeknutscht hat.

»Aber nicht auf den Mund, sondern nur auf die Wange«, wie der Spielverderber mir weiter mitteilt. »Also wirklich, diese Amis waren ja früher noch verklemmter als wir Türken«, stellt er zum Schluss grinsend fest.

»Findest du es etwa verklemmt, wildfremde Kunden stundenlang als Geisel zu nehmen und sie mit langweiligen Geschichten über John Wayne zu foltern?«

»Osman, da kommst du ja endlich! Ich hab schon die Polizei benachrichtigt, die fahnden im ganzen Bundesgebiet nach dir«, ruft meine Frau genervt, »was war denn los? Mussten die Leute die Rinder erst einfangen und erschießen?«

»Rinder nicht, aber John Wayne musste fünf Gauner erschießen!«

»Was sagst du da? Warum hat es so lange gedauert?«

»Weil die Amis früher genauso verklemmt waren wie die Türken! Wenn John Wayne sich zugetraut hätte, die hübsche Hauptdarstellerin etwas schneller zu küssen, dann wäre ich schon längst hier!«

Meine Frau stellt mir immer wieder sehr gerne alle möglichen und unmöglichen Fragen. Aber sie hat niemals die Absicht oder die Angewohnheit, sich die dazugehörigen Antworten anzuhören. Sie ist schon längst in die Küche verschwunden, um die Teller zu dekorieren, die Gäste könnten jeden Moment kommen. Eigentlich hat sie auch Recht, was könnte ich schon von mir geben, das großartiger wäre als ein leckerer Döner?

Wenn die Prophetin vor dem Berg wegläuft, dann muss halt der Berg zur Prophetin in die Küche:

»Eminanim, ich hab eine gute Nachricht für dich: Morgen kannst du dich erneut auf die faule Haut legen. Ich gehe wieder Döner holen, die Dinger sind ja richtig lecker! So was kann man ruhig zwei Tage hintereinander essen.«

Am nächsten Tag stehe ich schon eine halbe Stunde vor Schichtwechsel in dem herrlich duftenden Imbiss und beobachte sabbernd den Dönerspieß, der seinem Namen alle Ehre macht, indem er sich immer wieder unaufhörlich um sich selbst dreht. Und kurz darauf kommt auch schon der Erhan.

»Mach dir keinen Stress, lass dir mit meinen Döners richtig Zeit, du wolltest ja ohnehin deinem Kollegen eine spannende Geschichte erzählen«, sage ich dem Asik.

»Gut, dass du mich daran erinnerst, Bruder, das hätte ich glatt vergessen«, freut er sich. Wird aber in dem Moment genau wie gestern von seinem unhöflichen Kollegen Erhan unterbrochen.

»Asik, soll ich dir mal sagen, wer gestern Abend im türkischen Café war?«, fragt er respektlos.

»Nein, das will keiner wissen«, gehe ich dazwischen, »wer soll denn schon da gewesen sein, John Wayne doch wohl nicht, oder?«

»John Wayne nicht, aber mein Onkel Mümtaz war mal wieder da! Der war fast sechs Monate in der Türkei. So langen Urlaub möchte ich auch mal machen!«

Danach muss ich mir eine ganze Stunde lang anhören, was für ein prachtvolles Haus sein Onkel Mümtaz im Dorf gebaut hat, und dass er fünf Kilo eingelegte grüne Oliven und zwei

Kilo Helva mit Pistazien mitgebracht hat, und dass der Imam gestorben ist, und dass der neue Imam erst nach zwei Monaten gekommen ist, und dass Onkel Mümtaz in der Zeit in der Moschee die Rolle des Vorbeters übernehmen musste, und dass er diese überaus wichtige Aufgabe mit Bravur gelöst hat.

Sein Kollege Asik war entschieden intelligenter als ich und ist gleich verschwunden, nachdem er versprochen hat, die schönste Story der Welt morgen um die gleiche Zeit endlich zu erzählen.

Und so ging das über zwei schreckliche Monate lang!

Jeden Tag musste ich mir stundenlang anhören, was für langweiliges Zeug sich dieser unverschämte Bengel nachts im Fernsehen angeschaut hat, was für belanglose Sachen seine Kumpels im türkischen Café von sich gegeben haben oder wie sein Onkel Mümtaz in der Nase gebohrt hat!

Nebenbei habe ich fast elf Kilo zugenommen!

Selbst die Kinder kriegen mittlerweile das Kotzen, wenn sie Döner hören, weil sie sich seit Monaten vom fettigen Fleisch ernähren müssen. Nur meine Frau Eminanim freut sich offenbar diebisch ihres Lebens und kommt jeden Tag erst gegen Abend von ihrem Einkaufsbummel nach Hause.

Als nach zwei Monaten der respektlose Erhan schon wieder vom Nachtprogramm von RTL 2 anfängt, reißt mir mein Geduldsfaden endgültig, und ich drehe völlig durch. Ich schnappe mir blitzschnell das lange superscharfe Dönermesser, schmeiße den einzigen Gast raus und schließe die Tür ab, damit keiner von den beiden abhauen kann.

»Hör mal zu, du Penner, deine Fernseh- oder Onkelgeschichten will hier kein Schwein mehr hören«, brülle ich und fuchtle mit dem Messer bedrohlich in der Luft herum.

»Und du, Lahmarsch, erzähl endlich deine tolle Story, bevor ich euch beide aufspieße und auf den heißen Grill werfe! Mir reicht dieser Zirkus langsam!«

»Was ist los mit dir, Bruder? Was für eine Story?«, fragt Asik ängstlich.

»Sei ganz vorsichtig mit dem, der hat seit Monaten so viel Döner gegessen, er hat jetzt garantiert Rinderwahnsinn im Endstadium«, warnt Erhan leise den Asik.

»Ich will endlich die Story hören!«

»Was für eine Story?«, fragt Asik wieder unschuldig.

»Die lustigste Geschichte der Welt, meine ich, weswegen ich seit Monaten hier abhänge und inzwischen aussehe wie ein fettes Schwein!«

»Bruder, glaub mir, ich hab keine Geschichte«, flüstert er total ängstlich.

»Wieso lügst du mich jetzt an? Jeden Tag verlässt du doch mit dem Versprechen den Laden, die schönste Geschichte der Welt morgen erzählen zu wollen!«

»Bruder, ich bin wirklich unschuldig! Vor einigen Monaten kam eine Frau hierher und sagte: ›Heute Abend wird ein Vielfraß kommen und zehn Döner verlangen. Sagen Sie ihm, dass Sie die lustigste Geschichte der Welt haben und dieser Idiot wird jeden Tag hierher kommen, um Döner zu kaufen!‹«

Zum Türken degradiert

»Du Scheiß-Ausländer, geh doch endlich wieder dahin, wo du hergekommen bist!«, brüllt mich der Mann neben mir aus heiterem Himmel an. Ich versuche mich verzweifelt zu beherrschen, um dem Mistkerl nicht sofort an die Gurgel zu gehen.

Dieser Mensch ist auffallend gut gekleidet und macht auch sonst einen kultivierten Eindruck. Hat schon einen Glatzkopf, aber dabei scheint er wenig nachgeholfen zu haben, sieht sehr natürlich und gottgegeben aus.

»Hey, du Kanake, hast du Dreck an den Ohren, oder was?«, kommt ihm sein Kumpel von der anderen Seite zu Hilfe.

Bei Allah, wie soll ich mich denn jetzt verhalten?

Es sind noch mindestens zwanzig andere Leute im Raum, aber niemanden scheinen die derben Sprüche so sehr zu stören wie mich. Selbst meine Frau kaut seelenruhig an ihrem Kaugummi weiter.

Ich will jetzt kein wichtigtuerisches Plädoyer über Zivilcourage halten, aber wenn diese Menschen hier auch nur ein bisschen davon hätten, dann wäre es in dieser Situation nicht ganz unangebracht, sie langsam auch zu zeigen.

»Eminanim, gib mir sofort auch einen Kaugummi. Ich platze sonst gleich!«

»Osman, die beiden Herren haben doch Recht, was regst du dich denn auf? Bist du etwa kein Ausländer?«

»Das schon, aber das mit dem Scheiß-Ausländer hätte er sich doch wirklich sparen können!«

»Warum sollte er? Alle Menschen versuchen doch ihren Argumenten eine gewisse Kraft zu verleihen.«

»Kann schon sein. Aber jeder andere Türke wäre an meiner Stelle schon längst ausgeflippt.«

»Ach, sei doch nicht gleich so empfindlich und unzivilisiert. Die beiden Herren wollten dich doch sicherlich nicht persönlich beleidigen. Die kennen dich doch gar nicht.«

»Ich weiß nicht, ich weiß nicht! Ich hatte schon ein ungutes Gefühl und einen Hauch von Ärger verspürt.«

»Osman, reiß dich zusammen und reg dich bloß nicht auf! Zu scharfer Essig schadet nur seinem eigenen Fass, das weißt du doch. Und so schlimm fand ich's auch gar nicht, was die beiden Herren bis jetzt gesagt haben.«

»Hey, Ali, hast du Schiss um deinen Türkenarsch?«, brüllt mir plötzlich ein anderer »Herr« frontal ins Gesicht.

»Eminanim, findest du das mit dem ›Türkenarsch‹ etwa auch in Ordnung?«

»Klar doch, als Türke hast du nun mal einen türkischen Hintern. Also das ist schon okä.«

»Meinst du wirklich?«

»Aber natürlich! Wenn der dich jetzt Ostfriesenarsch oder australischer Pavianarsch genannt hätte, fände ich's wesentlich unhöflicher.«

»Eminanim, kannst du mir bitte trotzdem mein Messer geben?«

»Osman, spinnst du, du hast doch noch nie ein Messer besessen!«

»Das weiß ich auch! Aber das brauchst du ja denen nicht gleich auf die Nase zu binden!«, zische ich sie türkisch an.

»Also, Osman, das müsstest du schon eigentlich langsam gelernt haben: in einer Gruppe spricht man keine Fremdsprachen! Das ist völlig unhöflich! Du willst doch nicht, dass die Leute sich hier ausgeschlossen fühlen«, mahnt mich Eminanim, feinsinnig wie sie nun mal ist.

»Leute, habt ihr gehört, der Kanake hat nicht mal ein Türkenmesser«, brüllt der scheinbar Kultivierte in die Runde.

»Ich hab kein Türkenmesser, weil ich kein Türke bin. Ich hab doch diesen schönen deutschen Pass«, versuche ich das Fehlen meines Krummdolches zu erklären.

»Habt ihr gehört, der Ali hat sich einen deutschen Pass erschlichen«, brüllt der Möchtegern-Kultivierte, »zeig mal den Lappen, du Kanake!«

Ich hole stolz meinen deutschen Pass mit dem noch stolzeren Adler vorne drauf heraus und lege ihn auf den Tisch.

Der Kerl schnappt sich unvermittelt blitzschnell meinen Pass und zerreißt ihn vor aller Augen in tausend Stücke. Völlig fassungslos beobachte ich mit offenem Mund, wie meine jahrelange Arbeit wie Schnee langsam auf den Boden rieselt.

»So, jetzt bist du wieder ein ganz normaler Kanake, du Kanake!«

Das reicht! Jetzt ist mir alles egal! Wenn die mich wieder zum Türken zurückdegradieren, dann kann ich mich auch so wie einer von denen benehmen!

Ich springe hoch und packe den Mistkerl an seinem Kragen.

»Osman, lass sofort den Herrn wieder los! Setz dich hin, schämst du dich nicht, pfui!«, zerrt mich meine Frau wieder zurück auf den Stuhl.

»Aber Herr Engin, ich bitte Sie«, stottert der kultivierte Pöbler mit hochrotem Kopf und zupft seine Krawatte, sein weißes Hemd und die feine Jacke zurecht.

»So, meine Damen und Herren, ich denke, das reicht für heute«, ruft unser Gruppenleiter Herr Möhrenkopf und klatscht zufrieden in die Hände. »Das war schon sehr anschaulich. Mit Ihnen müssen wir allerdings wohl noch einige Male üben, Herr Engin!«

»Osman, ich bin wirklich stolz auf dich! Du machst immer größere Fortschritte«, freut sich Eminanim und strahlt über das ganze Gesicht. »Dieser ›Wörkschop zur Selbstbeherrschung in Extremsituationen‹ bei der Volkshochschule hilft dir tatsächlich. Heute hast du niemandem eine geknallt! Es wird doch noch ein guter Deutscher aus dir!«

Dallas auf Türkisch

Endlich mal ein guter Auftrag für einen armen Schriftsteller!

Ein Drehbuch soll ich fürs Fernsehen schreiben. Die Fernsehanstalten sind von dem Schwachsinn, den sie ständig über Ausländer produzieren, offenbar selber genervt.

Die Idee, endlich eine Serie über eine moderne türkische Familie in Deutschland zu schreiben, finde ich toll. Mit reichen und schönen Türken. Dallas auf Türkisch sozusagen.

Die Figuren brauche ich auch nicht lange zu suchen. Ich nehme die Familie von Mehmets aktueller Freundin Nazan.

Nazan ist ein sehr hübsches Mädchen und studiert Psychologie. Ihr Bruder Levent hat eine gut laufende Anwaltskanzlei, und die Eltern managen eine Marketingfirma mit 25 Angestellten.

Die Produzentin Frau Anne-Maria Scherben-Haufen ist von dieser Familie begeistert, wünscht sich aber ein paar kleine Änderungen:

»Herr Engin, mein Auftraggeber findet, dass 25 Angestellte für einen einzigen Türken zu viel sind.«

»Kein Problem, machen wir halt 15 daraus!«

»15 sind auch zu viel.«

»Also gut, aber zehn Angestellte sollte eine Marketingfirma schon haben.«

»Herr Engin, dazu wollte ich auch noch kommen. Die türkische Marketingfirma fand leider auch keine Mehrheit.«

»Aber Sie wollten doch selber keinen Gemüseladen haben.«

»Gemüseladen wollen wir auch nicht. Aber eine Änderungsschneiderei wäre doch sehr originell und passend.«

»Von mir aus, eine Änderungsschneiderei also. Aber sind zehn Angestellte dafür nicht ein bisschen übertrieben?«

»Sie sagen es, Herr Engin. Die brauchen überhaupt keine Angestellten. Und wir fänden es als eine tolle Idee, wenn der Sohn in der einen Ecke von der Änderungsschneiderei Döner verkaufen würde!«

»Der Sohn mit der Anwaltskanzlei?«

»Ja, tolle Idee, nicht wahr?«

»Schon, aber sollte er den Döner nicht lieber in seiner Kanzlei verkaufen?«

»Er wird keine Kanzlei haben. Er verkauft den Döner bei seinen Eltern.«

»Ich verstehe, Ihre Idee gefällt mir langsam. Also eine gesellschaftskritische Serie. Der arbeitslose Akademiker-Sohn ...«

»Herr Engin, der Sohn hat nicht mal einen Hauptschulabschluss. Er ist arbeitslos, besucht täglich zehn verschiedene Moscheen und spielt mit dem Gedanken, El Kaida beizutreten.«

»Ich muss zugeben, das hat was. Die Verschiedenheit der Charaktere birgt reichlich Zündstoff. Der religiöse Bruder und die moderne Schwester, die eine offene Beziehung hat, die von den Eltern respektiert wird.«

»Nicht ganz, Herr Engin, nach einer gewissen Zeit beschwört nämlich die Familie den Sohn Ali ...«

»Sie meinen doch den Levent!«

»In der Serie wird er Ali heißen. Also die Familie beschwört den religiös-fanatischen Sohn Ali, dass er seine unzüchtige Schwester umbringen soll, um mit diesem Ehrenmord die Schande von der Familie zu nehmen.«

»Frau Scherben-Haufen, von welcher Schande reden Sie denn?«

»Die unzüchtige Tochter hat doch andauernde Männerbekanntschaften. Sie will wie eine Deutsche leben und stürzt dadurch ihre gesamte Familie ins Unglück.«

»Was für ein Scherbenhaufen … ich meine, Frau Scherben-Haufen, ich kann es nicht fassen! Wollen Sie wirklich, dass der erfolgreiche Rechtsanwalt Levent … ich meine Ali … seine Schwester, die Studentin Nazan, umbringen soll?«

»Die Schwester studiert nicht, Herr Engin. Sie arbeitet in einer billigen Absteige als eine drogenabhängige Prostituierte. Und sie heißt auch nicht Nazan, sondern Fatima! Das wäre doch endlich mal was Neues, nicht wahr?«

Osman und die vier Schwiegermütter

»Osman, du hast mir doch erst letzte Woche versprochen, dass wir morgen zusammen in die Stadt gehen, um mir einen neuen Wintermantel zu kaufen«, mault meine Frau Nuriyanim sauer und dreht sich im Bett beleidigt um.

»Aber Nuriyanim, mein Schatz, schau doch mal, ich hatte meiner Frau Nummer 2, der Sükrüyanim, schon viel früher versprochen, dass ich morgen mit ihr zum Geburtstag ihrer Tante Hüsnüyanim mitkomme. Und beides schaffe ich nicht. Ich kann mich doch nicht zweiteilen. Denkst du, ich hab gewusst, dass ihre Tante ausgerechnet morgen Geburtstag hat? Ich kenn ja nicht mal die Geburtstage von meinen eigenen vier Ehefrauen. Von denen unserer 32 Kinder ganz zu schweigen.«

»Osman, das ist mir egal! Du hast es mir versprochen, ich will meinen Wintermantel haben! Sonst lasse ich mich scheiden!«

»Das ist auch keine gute Lösung, mein Schatz. Wie du weißt, habe ich vor sieben Jahren schon mal die Hälfte von meinen Ehefrauen entlassen. Dann kamen die neuen Frauen, und dadurch war das Chaos hier erst recht perfekt!«

Die drittgrößte Nervensäge des Mittleren Orients antwortet nur mit eisigem Schweigen und zeigt mir die Tür.

Ich verlasse entnervt Nuriyanims Zimmer und gehe rüber zu meiner Frau Sükrüyanim.

»Na, da bist du ja endlich, Osman. Hast du schon das Geschenk für meine Tante besorgt?«, will sie sofort wissen. Das war natürlich das Letzte, woran ich gedacht hatte, deshalb sage ich etwas verlegen:

»Aber selbstverständlich, das hab ich schon längst organisiert, mein Schatz. Du erinnerst dich vielleicht, dass ich meiner Ehefrau Nummer 4 Ümrüyanim, mit der du in letzter Zeit nicht redest, aber du redest ja mit keiner von meinen Frauen, aber das ist jetzt egal. Also der Nummer 4 hab ich letzte Woche Schuhe gekauft, und die drücken sie hinten etwas. Deshalb hab ich mir gedacht, es wäre doch eine prima Idee, wenn wir die deiner Tante …«

»Bist du wahnsinnig, Osman? Da hast du dich aber geschnitten! Wenn du denkst, dass ich die abgelatschten Schuhe von einer deiner Schlampen meiner geliebten Tante andrehen werde, dann hast du dich aber schwer getäuscht!«

»Meine liebe Sükrüyanim, jetzt stell dich doch nicht so an. Ist dir eigentlich klar, wie viele Tanten, Onkel, Cousins und was weiß ich noch in diesem Jahr noch Geburtstag haben und alle auf Geschenke von mir warten? Das kann kein Mensch bezahlen!«

»Osman, halt die Klappe! Seitdem du letzten Sommer mich hier mit meinen Kindern hast sitzen lassen und mit all den anderen blöden Weibern in der Türkei Urlaub gemacht hast, brauchst du auf keinerlei Verständnis von mir zu hoffen.«

»Aber mein Täubchen, was sollte ich denn machen? 32 Kinder, 4 Ehefrauen und auch noch ich. Wie sollen denn 37 Personen gleichzeitig in einen armen Ford-Transit reinpassen?«

»Du Schuft, natürlich passen sie da alle rein. Das haben wir oft ausprobiert. Manchmal kommen sogar meine Tante und ihr Mann auch noch mit.«

»Ja, schon, aber das ist hier in Bremen, und hier haben sie liberale Gesetze. Aber an den Grenzen wäre das Risiko, Schwierigkeiten zu kriegen, zu groß. Schon bei 26 Leuten machen die Beamten in Serbien und Bulgarien manchmal Probleme. Diese alten Kommunisten haben einfach keinen Respekt vor der Familie!«

»Das ist mir egal, Osman! Dieses Jahr komme ich mit. Und meine Mutter nehme ich natürlich auch noch mit!«

»Sükrüyanim, das kannst du doch nicht machen. Stell dir mal vor, alle meine Frauen kommen auf die absurde Idee, ihre Mütter mitzunehmen, was soll denn das für ein Urlaub für mich werden? Willst du mich umbringen?«

»Das ist mir egal, meine Mama kommt mit! Und außerdem brauchst du dich überhaupt nicht auszuziehen, du hast schon wieder keine Kondome mitgebracht. 32 Kinder in der Wohnung reichen fürs Erste.«

»Sükrüyanim, mein Engel, stell dich doch nicht so an! Ich kann nichts dafür. Du weißt doch, wie eifersüchtig meine Frau Nummer 1 Gülnuranim ist. Sie hat mal wieder die Packung mit den Kondomen versteckt.«

»Osman, verschwinde sofort aus meinem Bett! Und sag deinen blöden Weibern, dass nächste Woche meine Mutter kommt. Du weißt, sie hat nur für drei Monate ein Visum bekommen. Wenigstens für diese kurze Zeit sollen sie sich mal zusammenreißen.«

»Bei Allah, muss das ausgerechnet jetzt sein? Warte doch, bis die anderen beiden Schwiegermütter abhauen, sonst werde ich noch wahnsinnig!«

»Osman, was ist denn los mit dir? Du wirfst dich die ganze Zeit im Bett hin und her und schwitzt dabei auch noch fürchterlich! Und du rufst ganze Zeit nach Sükrüyanim, Ümrüyanim, Gülnuranim, Nuriyanim, wer sind denn diese Weiber?«, weckt mich meine Frau Eminanim aufgeregt und starrt mich dabei mit großen Augen an.

Liebe Leser, Sie können sich natürlich sehr locker vorstellen, was für Probleme ich mit Sicherheit bekäme, wenn ich so einen Alptraum meiner Frau Eminanim beichten würde. Deshalb sage ich:

»Eminanim, ich will dir meinen ganzen schrecklichen Traum ersparen. Aber die Moral von der Geschichte ist, dass damals vor zweitausend Jahren das mit der Vielweiberei in der arabischen Wüste wohl irgendwie funktioniert hat. Wo doch jede der Ehefrauen ihr eigenes Zelt hatte und alle mindestens einen Kilometer voneinander entfernt wohnten. Aber hier, in einer Drei-Zimmer-Sozialwohnung, diesen ganzen Irrsinn mit 32 Kindern, 4 Ehefrauen und dazu noch 4 Schwiegermüttern gleichzeitig zu managen, ist völlig unmöglich und ausgesprochen ungesund. Man muss wie die Deutschen mit der Zeit gehen und es viel moderner gestalten. Wie zum Beispiel unser Kaiser Franz oder unser alter Bundeskanzler Schröder es tun. Immer eins nach dem anderen: Heiraten, scheiden, heiraten, scheiden, heiraten, scheiden, heiraten, scheiden …«

Zehn Gebote der Leitkultur 1

Wir Ausländer sind wirklich Kulturbanausen!

Ich meine natürlich, wir sind deutsche Leitkulturbanausen.

Ich habe lange darauf gewartet, dass die Politiker, die das vor langer Zeit festgestellt haben, endlich auch Lösungsvorschläge präsentieren. Aber leider vergebens!

Deswegen sehe ich mich gezwungen, die wichtigsten zehn Gebote der deutschen Leitkultur hier persönlich kundzutun.

Als Erstes auf die Schnelle die zehn wichtigsten Gebote der deutschen Leitkultur für Anfänger und Eilige. Also für diejenigen, die es trotz aller Hindernisse und Verbote doch noch irgendwie geschafft haben, gestern oder heute Morgen den germanischen Boden zu betreten.

Also höret, meine Brüder und Schwestern Neuankömmlinge!

Das 1. Gebot

Ausländer, sobald du den deutschen Boden betreten hast, musst du dich als Erstes sofort danach erkundigen, wo der nächste Aldi-Laden ist. Jeder Deutsche erwartet von dir, dass du das auf der Stelle beantworten kannst, wenn er dich danach fragt!

Das 2. Gebot

Fange nicht gleich am ersten Tag an, alle deine deutschen

Nachbarn im Haus zu besuchen! Fange damit am besten nie an, lass die armen Leute in Ruhe!

Das 3. Gebot
Fahre mit deinem Fahrrad niemals auf der falschen Straßenseite! Sonst stellt sich dir sofort ein Rentner in den Weg, den du über den Haufen fahren musst, damit er dich nicht anzeigt!

Das 4. Gebot
Du sollst nirgendwo ohne Termin hingehen! Der orientalische Spruch »Ich war sowieso hier in der Gegend, wollte mal vorbeischauen« funktioniert in Deutschland nicht.

Das 5. Gebot
Wenn du um 11 Uhr einen Termin hast, dann musst du auch um 11 Uhr da sein. Wenn du um 15 Uhr dort eintrudelst, gilt das hierzulande seltsamerweise schon als Verspätung.

Das 6. Gebot
Du darfst nie in großen Mengen Obst und Gemüse kaufen! Immer nur eine Banane, einen Apfel, eine Olive und eine Traube! Wer zu viel einkauft, verrät sich als jemand, der viele Mäuler zu stopfen hat, und gilt hier als hochgradig asozial!

Das 7. Gebot
Mach dich in der Straßenbahn oder im Bus nicht lächerlich! Du darfst hier für ältere Menschen nicht aufstehen, die fühlen sich beleidigt!

Das 8. Gebot
Du musst sorgfältig deinen Müll trennen! In Biomüll, Rest-

müll, Altpapier, Plastik, Glas usw., bevor du alles zusammen in den Mülleimer deines Nachbarn wirfst!

Das 9. Gebot
Versuche in der Öffentlichkeit immer nur typisch deutsche Gerichte zu essen: Pizza, Gyros oder Döner!

Das 10. Gebot
Wichtiger als eine Wohnung oder ein Arbeitsplatz ist der sofortige Erwerb eines Dackels! Diesen Hund musst du ständig ausführen und nur auf den Gehweg kacken lassen!

Kultureller Graupelschauer

»Osman, was guckst du so deprimiert wie ein alter Hammel, der zur Schlachtbank geführt wird?«, fragt meine Frau mitfühlend, als ich von meinem Nebenjob nach Hause komme.

»Ich muss was Lustiges schreiben«, sage ich.

»Wieso gerade du?«, wundert sie sich.

»Weiß ich auch nicht! Alle anderen in der Redaktion haben wohl keine Lust dazu.«

»Wie ich das hasse«, schimpft sie. »Die ganzen schwachsinnigen Arbeiten, bei denen sich die Deutschen nicht mehr selber die Finger schmutzig machen wollen, müssen die armen Ausländer erledigen. Mülleimer leeren, Gemüse verkaufen, Witze reißen! Oder hast du eine bessere Erklärung dafür?«

»Wofür denn?«

»Dass es hier mittlerweile mehr türkische Komiker gibt, als Döner- und Gemüseverkäufer zusammen.«

»Ich weiß es nicht, das kann ich mir wirklich nicht erklären«, schüttle ich den Kopf, »aber genau darüber soll ich schreiben. Und es muss zu allem Überfluss auch noch lustig sein.«

»Na toll! Du hast keine Ahnung von dem Thema, aber ausgerecht du sollst darüber schreiben. Du kapierst ja nicht mal den billigsten Blondinenwitz, aber es soll auch noch lustig sein! Osman, ich hab den Verdacht, die suchen nur einen Grund, um dich rauszuschmeißen!«

»Wieso das denn?«, frage ich aufgeregt.

»Die versuchen dich zu mobben. Du sollst Arbeiten erledigen, die du nicht kannst, und dadurch wollen sie dich loswerden.«

»Aber Gemüse verkaufen, Mülleimer leeren und Witze machen kann doch jeder Türke, wie wir eben festgestellt haben«, wehre ich mich gegen meine fristlose Entlassung als Aushilfsredakteur.

»Die Türken müssen das machen, weil kein Deutscher es machen will. Aber ob sie das wirklich gut können, ist eine andere Frage.«

»Aber wenn das so wäre, dann hätten sie mich doch schon längst rausgeschmissen.«

»Osman, sieh es endlich ein: Niemand findet deine langweiligen Geschichten lustig, sondern nur deinen bescheuerten Akzent! Die Leute lachen sich doch darüber kaputt, dass du nach 30 Jahren immer noch kein richtiges Deutsch kannst!«

»Du meinst, ich kann eigentlich schreiben, was ich will?«

»Genau das! Du kannst ruhig eins vom Pferd erzählen.«

»Also gut, das ist für mich natürlich viel bequemer, ich probiere es mal. Aber wenn die mich deswegen wirklich vor die Tür setzen, dann bist du verantwortlich.«

»Osman, ich sag dir, kein Mensch wird den Unterschied merken!«

»Hmm… öööh… was soll ich denn erzählen?«

»Mir doch egal! Von mir aus kannst du den Wetterbericht aus der Zeitung abschreiben.«

»Meinst du? Na gut … Heute herrscht im Norden freundliches Wetter. Sonne und Wolken wechseln sich ab, und nur im Nordosten gibt es vereinzelt Regen- oder Graupelschauer.

Südlich der Mainlinie hält sich eine graue Wolkendecke, und es regnet immer wieder. Biowetter: Zurzeit macht das Wetter vor allem Personen mit Erkrankungen im Herz- und Kreislauf-Bereich zu schaffen. Rheumakranke müssen sich auf eine Verschlimmerung ihrer Schmerzen in Gliedern und Gelenken einstellen. Die Temperaturen: Augsburg: Regen 5 Grad, Berlin: Regenschauer 5 Grad, Frankfurt: Regenschauer 8 Grad, Freiburg: Regenschauer 9 Grad, Hamburg: wolkig 6 Grad, Hannover: wolkig 7 Grad ... Eminanim, meinst du wirklich im Ernst, dass das sehr witzig ist?«

»Ja, absolut! So was Lustiges hast du noch nie geschrieben«, lacht sie sich kaputt.

»Okä, wenn du meinst ... Kassel: stark bewölkt 6 Grad, Köln/Bonn: Regenschauer 7 Grad, München: wolkig 6 Grad, Nürnberg: Regen 6 Grad, Zugspitze ... Frau, was ist denn Zugspitze?«

»Ist doch egal, lies einfach weiter!«

»Zugspitze: Schneefall minus 11 Grad. Ausland, Amsterdam: bedeckt 8 Grad, Dubrovnik: sonnig 9 Grad ...«

Am nächsten Tag nach der Redaktionskonferenz laufe ich schnell nach Hause:

»Du hast Recht gehabt, Eminanim, die wollen mich fertig machen. Das ist ein typischer Fall von Ausländerfeindlichkeit. Ich muss in Zukunft immer den Wetterbericht vorlesen. So viel Freude an dem miesen deutschen Wetter haben sie angeblich noch nie gehabt!«

»Osman, hoffentlich zwingen sie dich nicht auch noch, einen Minirock zu tragen!«

Zehn Gebote der Leitkultur 2

In diesem unserem Lande gibt es Millionen von Ausländern, die bereits seit dem vorigen Jahrtausend hier leben. Die sich rein körperlich von modernen Ford-Transits oder Mercedessen kutschieren lassen, aber in gedanklicher und seelischer Hinsicht sich immer noch auf dem Rücken ihres Lieblingsesels im Dorf befinden. Hier sind die zehn Gebote der deutschen Leitkultur für Ignoranten und Fortgeschrittene, die etwas ausführlicher beschrieben sind als die für Anfänger und Eilige.

Also höret, meine Brüder und Schwestern Alteingesessene!

Das 1. Gebot

Lass dir von Politikern oder Soziologen nicht einreden, dass du Deutsch lernen musst, um hier zurechtzukommen! Das ist völliger Quatsch und total unnötig. Ob bei der Arbeits- oder Wohnungssuche, im Café oder Fußballstadion, du brauchst nur zu sagen: »Ich kommen Türkei« oder »Ich Russki«! Danach redet sowieso kein Mensch mehr mit dir.

Das 2. Gebot

Du musst ständig über das Wetter schimpfen! Andernfalls würdest du dich sofort als Fremder oder Eindringling entlarven. Oder gar als Schläfer verdächtig machen, der ganz andere Sachen im Kopf hat. Beschwere dich im Winter über den

Regen, Schnee und Kälte. Im Sommer über die Sonne, Mücken und Hitze. Und im Frühling über das schrecklich wechselhafte Aprilwetter!

Das 3. Gebot

Wenn deine Nachbarin, zum Beispiel die deutsche Oma von oben, bei dir klingelt, dann sollst du sagen: »Ja, bitte, was kann ich für Sie tun, Frau Fischkopf?« Auf gar keinen Fall sollst du sie auf beide Wangen küssen, sie kräftig umarmen und rufen: »Komm rein, Elfriede, ich habe gerade frischen Tee gemacht!« Sie erwartet nämlich gar keinen Tee von dir, sondern, dass du endlich das Treppenhaus sauber machst!

Das 4. Gebot

Am Samstag musst du vor der Haustür deinen grasgrünen Ford-Transit oder das blutrote BMW-Cabrio sauber machen. Aber wie gesagt, wirklich nur staubsaugen und polieren. Und nicht das Getriebe ausbauen, die gesamte Hinterachse austauschen und dabei in Brülllautstärke mit türkischer Schlagermusik die neue Anlage testen.

Das 5. Gebot

Bei Krankenbesuchen sollst du aus Rücksicht auf andere Patienten das Krankenhaus spätestens um Mitternacht verlassen! Kinder und Männer zuerst, damit die Frauen noch das Geschirr waschen, Zimmer aufräumen und den Boden wischen können. Wenn die anderen Patienten im Zimmer auch Ausländer sind, dann dürft ihr selbstverständlich mit der gesamten Sippschaft dort übernachten.

Das 6. Gebot
Wenn am Arbeitsplatz ausländerfeindliche Witze erzählt werden, musst du grundsätzlich am lautesten lachen. Dadurch gibst du deinen deutschen Kollegen das gute Gefühl, dass sie ihrer Lieblingsbeschäftigung problemlos nachgehen dürfen, auch wenn du dabei bist. Am besten wäre es natürlich, wenn du solche Witze selbst erzählen würdest.

Das 7. Gebot
Im Urlaub auf Gran Kanaria oder Mallorca musst du als Ausländer zu deiner dunklen deutschen Vergangenheit stehen! Aber du kannst die Schmach des Zweiten Weltkrieges dadurch wettmachen, dass du mitten in der Nacht aufstehst und die Liegestühle am Schwimmingpuul mit deinen Handtüchern eroberst und besetzt.

Das 8. Gebot
Deinem Lieblingsbettler am Bahnhof darfst du ab sofort keinen Cent mehr geben! Stattdessen sollst du mit ihm darüber diskutieren, ob er nicht lieber arbeiten gehen sollte. Sein starkes Argument »Was geht dich denn das an, du Penner!« sollst du dann kontern: »Wo kämen wir denn hin, wenn alle betteln würden?« Und den darauf folgenden Satz »Verpiss dich, du Kanake!« sollst du nicht allzu persönlich nehmen.

Das 9. Gebot
Mache nicht so viele Kinder! Reiß dich zusammen! Lass dich von den Verlockungen des Kindergeldes nicht blenden! Die für Ausländer typische und allgemein akzeptierte Höchstzahl an Kindern beträgt in Deutschland zurzeit ein Dutzend! Bitte belasse es dabei!

Das 10. Gebot

Integration in Deutschland ist wichtig! Ja, sogar sehr wichtig! Aber es ist auch sehr schwierig und kompliziert dazu! Und für einen einfachen, sündigen Menschen kaum zu bewältigen. Bitte deshalb Allah um Hilfe! Gehe fünf Mal am Tag in die Moschee deines Vertrauens und bete auf Arabisch für eine gelungene Integration in Deutschland. Für diese heilige deutsche Leitkultur darf dir nichts zu teuer sein! Schlachte regelmäßig ein gut genährtes Schaf oder einen kräftigen Bullen auf deinem Balkon; zur Not tut's natürlich auch die Badewanne oder der Hauseingang von deinem Wohnblock.

Deine deutschen Nachbarn werden den Wert eines nach streng islamischen Regeln geschächteten Tieres mit Sicherheit zu schätzen wissen!

Mehmet wird Kartoffel

Nach all den Jahren will mein kommunistischer Sohn Mehmet jetzt endlich auch den deutschen Pass beantragen. Nordkorea oder Kuba hatten anscheinend keine Lust auf ihn.

Früher, als ich eingebürgert wurde, war es natürlich alles viel einfacher.

Ich war damals genau 265 Mal bei der Ausländerbehörde und musste jedes Mal alle Strophen der deutschen Nationalhymne vorsingen. Goethe und Karl May auswendig lernen und aus ihren Werken zitieren können. Nebenbei verlangte meine Sachbearbeiterin Frau Kottzmeyer-Göbelsberg von mir, die deutsche Geschichte, angefangen bei den Überfällen der Wikinger auf Nord-Niedersachsen bis heute, chronologisch vorzutragen. Und beim allerletzten Besuch musste ich einen Satz aus der Bildzeitung vorlesen.

Aber verglichen mit den heutigen Verhältnissen war das damals natürlich das reinste Kinderspiel. Gut, dass ich mich noch rechtzeitig auf das rettende Ufer habe flüchten können.

Heute werden den ausländischen Antragstellern 30 höchst hinterlistige Fragen gestellt, vorausgesetzt, sie haben das Manko, aus einem islamischen Land zu kommen, auch wenn sie wie Mehmet Atheist sind.

Ich versammle ganz eilig die ganze Familie in der Küche um den runden Tisch, der, wie Sie ja bereits wissen, in Wirklichkeit viereckig ist.

Als Betroffener ergreift Mehmet sofort das Wort:

»Liebe Familie, wie ihr wisst, habe ich beschlossen, auch eine Kartoffel zu werden, wie mein Vater. Aber gerade jetzt haben sich die Behörden in Baden-Württemberg hammerharte Fragen ausgedacht. Und weil die außer Hochdeutsch alles können, wird bestimmt ganz Deutschland bald nachziehen.«

»Wofür ich eigentlich vollstes Verständnis habe«, unterbreche ich ihn. »Welches Land würde dich schon aufnehmen, ohne Fragen zu stellen?«

»Ruhe auf den billigen Plätzen!«, ruft Mehmet.

»Osman, lass den armen Jungen in Ruhe, damit wir uns hier alle gemeinsam die richtigen Antworten überlegen können«, ermahnt mich meine Frau Eminanim.

»Richtig, lass uns ein Bräyn-Störming machen«, sagt Mehmet.

»Bitte keinen Fußball«, wird er sofort von seiner Mutter zurechtgewiesen. »Mehmet, gib mir mal den Fragenkatalog. Ich will von euch nur gute Antworten hören! Ist das klar?«

Eminanim schaut sich die Fragen an und pfeift mehrmals anerkennend.

»Nicht schlecht«, murmelt sie.

»Mutter, schieß los«, ruft meine ältere Tochter Nermin gespannt, als ob wir schon bei der 1-Million-Frage angekommen wären.

»So, jetzt hört mal zu: Die erste und die zweite Frage sind gleich über Demokratie. Demokratie ist die schlechteste Regierungsform, was sagst du dazu?«

»Schön, dass die Leute das endlich auch kapiert haben! Hoch – die – internationaleee – Solidarität; Hoch – die …«

»Falsch! Die richtige Antwort ist: Toll ist die Demokratie

nicht, aber was Besseres gibt es nicht! Hier kommt die nächste Frage: Halten Sie es für zulässig, dass ein Mann seine Frau zu Hause einschließt, um zu verhindern, dass sie ihm in der Öffentlichkeit ›Schande macht‹?«

»Auf jeden Fall, ich bin dafür!«, rufe ich, »denn es ist wirklich eine Schande, jede Woche von der Sparkasse Mahnbriefe zu bekommen, weil die Ehefrau an keinem Sonderangebot vorbeigehen kann!«

»Nein, die richtige Antwort ist: Frauen dürfen so viel einkaufen, wie sie wollen. Das ist Menschenrecht! Das gilt insbesondere für Schuhe! Nächste Frage: Was tun Sie, wenn Ihre Tochter einen Mann anderen Glaubens heiraten möchte, der Ihnen nicht gefällt?«

»Religion, Nationalität und Aussehen ist doch völlig egal«, sage ich, »bei einem Mann ist doch nur eines wichtig: Hauptsache er hat Geld!«

»Nächste Frage, Leute: In Deutschland gehörten Sport und Schwimmen zum normalen Schulunterricht. Würden Sie Ihre Tochter daran teilnehmen lassen? Wenn nein: Warum nicht? Also unsere Hatice darf natürlich überall teilnehmen!«

»Aber nicht mehr lange«, rufe ich, »seit der letzten Gesundheitsreform muss ich doch die ganzen Medikamente selbst bezahlen, wenn sie mit nassem Kopf auf dem Fahrrad nach Hause fährt und sich jedes Mal erkältet. Schwimmen kann sie auch zu Hause. Schließlich haben wir hier eine große Badewanne!«

»Osman, du bist nicht gefragt! Mehmet soll doch antworten.«

»Aber wie soll der Kerl denn antworten? Er hat doch gar keine Tochter. Oder hat er irgendwelche unehelichen Kinder, die ihr mir verheimlicht?«

»Nächste Frage: Was halten Sie davon, wenn ein Mann in Deutschland mit zwei Frauen gleichzeitig verheiratet ist?«

»Also der Typ muss doch Masochist sein, wer lädt sich schon gleich zwei Schwiegermütter auf den Hals.«

»Das ist die falsche Antwort, Osman. Die richtige Antwort ist, dass du nur deine Frau Eminanim liebst und dich darüber riesig freust, wenn meine Mama uns besuchen kommt. Und jetzt kommen wir zu Frage 26: Wie beurteilen Sie es, wenn ein verheirateter Mann aus Deutschland in seinen Heimatstaat fährt und dort ein zweites Mal heiratet?«

»Ich sage, ich muss nicht unbedingt verheiratet sein, um mit einer Else ins Bett zu gehen«, antwortet Mehmet.

»Nein, Mehmet, die richtige Antwort ist: Ich mache das wie ein richtiger Deutscher. So wie unser Altbundeskanzler Schröder oder unser Kaiser Beckenbauer. Immer eins nach dem anderen. Heiraten, scheiden, heiraten, scheiden, heiraten, scheiden. So lange, bis man endgültig pleite ist und bei Gasprom arbeiten muss, um die Alimente für die ganzen Frauen zu zahlen.«

»Hallo, hallo, ich bitte um mehr Ernsthaftigkeit! Besonders du, Osman. Du wirst gleich disqualifiziert«, schimpft Eminanim. »Wir kommen jetzt zu Frage 29: Stellen Sie sich vor, Ihr volljähriger Sohn kommt zu Ihnen und erklärt, er sei homosexuell und möchte gerne mit einem anderen Mann zusammenleben. Wie reagieren Sie?«

»Ich werde vor Freude an die Decke springen! Das wäre der schönste Tag in meinem Leben«, rufe ich. »Ist mir doch egal, ob Mehmet mit einem schwulen oder homosexuellen Mann zusammenlebt. Hauptsache, er zieht aus! Was Besseres kann mir doch gar nicht passieren!«

»Osman, du warst schon wieder nicht gefragt! Du bist doch

schon längst ein Hans geworden. Also lass endlich den Jungen üben, mein Gott!«

»Eminanim, ich will ihm doch nur mit meiner reichhaltigen Erfahrung aus meiner Zeit als Kartoffeldeutscher behilflich sein.«

»Mehmet, hier kommt die nächste Frage, mein Sohn: Sie erfahren, dass Leute aus Ihrem Freundeskreis einen terroristischen Anschlag planen. Was tun Sie?«

»Ich versuche sofort die undichte Stelle zu finden! Der Verräter wird gleich aus der Gruppe rausgeschmissen!«

»Mehmet, das war doch keine persönliche Frage! Die Leute wissen doch noch gar nicht, dass du Terrorist bist. Also stell dich nicht so dämlich an«, schimpfe ich.

»Vater, diese Fragen sind doch bescheuert! Das sind keine Wissensfragen wie bei dir, sondern Gewissensfragen. Also wer so dämlich ist, auf solch primitive Fangfragen reinzufallen, dem sollte man zur Strafe sogar auch den türkischen Pass entziehen!«

Schalke gegen Playa del Ingles

In Gran Kanaria scheint wieder herrlich die Sonne.

Ich hab eben in Bremen angerufen. Das ist mein größtes Hobby! Ich liebe es, den Freunden, die in Deutschland gerade dabei sind, mit halberfrorenen Händen das Eis vom Wagen zu kratzen, zu erzählen, wie heiß es hier mitten im Januar ist, und dass ich mit der Badehose auf dem Weg zum Strand bin, und dass sie sich keine Sorgen machen müssen, weil ich für sie mitschwimmen werde.

Als ich an der Rezeption vorbeigehe, sehe ich, dass heute außer mir noch mehrere andere sonnenhungrige junge Männer gerade aus Deutschland angekommen sind.

»Was sollen wir denn in dieser Scheiß-Gegend hier?«, flucht der Typ mit der Schalke-04-Pudelmütze auf dem kahl geschorenen Kopf, »wie heißt denn das Kaff hier überhaupt?«

»Sie befinden sich hier in der 4-Sterne-Hotelanlage Taurito«, sagt die nette Hotelberaterin, »Ihren Tickets entnehme ich, dass Sie ein wunderschönes Appartement für drei Personen bei uns gebucht haben.«

»Pass mal auf, Schwester«, rülpst der andere Schmerbauch mit dem Schalke-04-Trikot ihr ins Gesicht, »wir düsen schon seit zehn Jahren immer nach Gran Kanaria! Wie kommt plötzlich dieses verdammte Kaff auf unsere Insel? Wo ist Playa del Ingles?«

»Das ist dann wohl ein Fehler Ihres Reisebüros in Castrop-

Rauxel«, sagt die immer noch sehr höfliche Dame mit dem dunkelblauen Kostüm. »Man hat diesmal unsere Hotelanlage in Taurito für Sie reserviert. Der Ort Playa del Ingles liegt schon einige Kilometer weiter östlich.«

»Was sollen wir denn in diesem Drecksloch?«, schimpft der Kahlgeschorene weiter, »hier gibt's nirgendwo eine anständige Kneipe! Wir sind hier mitten in der Wüste, nichts als Felsen. Das ist kein Hotel, das ist ein Straflager!«

»Nun hören Sie mal, wir haben einen sehr schönen Strand und einen herrlichen Puul. Die Zimmer sind hervorragend ausgestattet, und in Taurito herrscht das ganze Jahr über ein sehr angenehmes Klima.«

»Schöner Strand, angenehmes Klima – was soll ich denn mit dem ganzen Scheiß! Ich will Urlaub machen! Hier gibt's nicht mal deutsches Fernsehen. Wie sollen wir denn Bundesliga gucken?«, sagt der mit der Trikotnummer 10 auf dem Rücken.

Ich bin sehr dankbar für das köstliche Lustspiel kurz vor dem Mittagessen und versuche ganz dezent noch mehr Öl ins Feuer zu gießen. Ich sage mit höchst traurigem Gesicht:

»Und morgen spielt Schalke auch noch ausgerechnet gegen die Bayern!«

»Genau, Alter«, stöhnt die Nummer 10, »und zum ersten Mal in diesem Jahr müssen die Jungs ohne mich auskommen.«

»Hoffentlich geht das bloß gut!«, stehe ich ihm im schwersten Moment seines Lebens zur Seite.

»Letztes Jahr hatten wir in Playa del Ingles alles perfekt: das Hotel sah aus wie unsere Siedlung in Castrop-Rauxel, überall richtige Kneipen mit anständigem Bier, vernünftigem deutschen Essen und Bundesliga aus der Satellitenschüssel.«

»Sind Sie denn ein Spieler von dem Fußballverein? Ich

meine, weil Sie alle in Trainingsanzügen angereist sind«, fragt die nette Dame.

»Klar! Ich bin im Vorstand des Fänklubs ›Saufen, Rülpsen, Schalke gucken‹. Morgen hat unsere Mannschaft ein Heimspiel, und wir stecken hier mitten in der Wüste.«

»Das tut mir Leid, aber wir in Taurito können nichts dafür. Auf Ihrem Flugticket steht doch, dass Sie für hier gebucht sind.«

»Da haben wir überhaupt nicht drauf geachtet. Wir haben der Frau im Reisebüro gesagt: Gran Kanaria! Woher sollen wir denn wissen, dass es hier auch noch andere Orte gibt außer Playa del Ingles!«

»All diese wunderschönen Orte werden Sie besichtigen, wenn Sie an unserer großen Inselrundfahrt teilnehmen: Casa Romantica! Sie werden die riesigen Dünen von Maspalomas sehen und das prächtige Gotteshaus San Juan Batista. Das aus dem 16. Jahrhundert stammende, im Mudejarstil erbaute ...«

»Hören Sie mal zu, gute Frau, wir wollen Kneipen sehen und keine Kirchen! Wir wollen noch nicht mal Ihre Kanarienvögel sehen.«

»Der Name unserer Insel stammt nicht von den Kanarien, sondern von ›Canes‹, der berühmten Hunderasse. In Las Palmas können Sie auf dem Santa-Ana-Platz das Denkmal für diese Hunde besichtigen ...«

»Wir wollen nach Playa del Ingles!«

»In Playa del Ingles besuchen wir die ökumenische Kirche ...«

»Sagen Sie, sind Sie 'ne Nonne, oder was? Uns interessiert dieser ganze Kirchenkram nicht! Wir wollen nur eins: dass die Sonne knallt, Bier saufen und Schalke gucken! Ist das so schwer zu kapieren?«

»Brüllen Sie mich nicht so an! Ich kann Sie sehr gut hören, ich bin noch nicht taub«, sagt die nette Dame von der Reisegesellschaft, inzwischen nicht mehr ganz so nett.

»Sehen Sie, in Playa del Ingles könnten Sie mich nämlich nicht hören. In unserer Stammkneipe ›Altdüsseldorf‹ direkt am Strand ist immer so 'ne geile Stimmung, das gibt's gar nicht! Volle Pulle! Da versteht man sein eigenes Wort nicht!«

»Da sind massenhaft Kumpels von uns. Hier rennen ja nur Ausländer rum. Was soll ich denn mit den Kanaken? Wenn ich Spanier sehen will, dann kann ich gleich nach Rom oder Bottrop fahren«, steht ihm sein Kumpel zur Seite.

»Ohne Kneipe und Fußball im Fernsehen flippen die Jungs im Urlaub völlig aus«, meldet sich zum ersten Mal die unscheinbare junge Frau zwischen den beiden Schalkefäns zu Wort. »Die beiden liegen doch nie mit mir am Strand. Die laufen ein paar Mal hin und her, und dann hocken sie sich wieder in die Kneipe.«

»Genau. Ich schick die Alte auf den Grill, und dann baller ich mir einen. Danach schieben wir uns 'ne Bratwurst rein, und anschließend wird gevögelt. Das ist Urlaub!«, grölt der mit dem blauweißen Schal, der inzwischen angefangen hat, mörderisch zu schwitzen.

»Was Sie nachts tun, interessiert uns herzlich wenig«, meint die nette Dame, »aber wenn Sie zu unserer Anlage in Playa del Ingles hinüberwechseln wollen, dann müssen Sie pro Person 140 Euro draufzahlen.«

»Waas? Für so viel Geld fahre ich mit dem Fänbus einmal bis nach Stuttgart und zurück. Und da sind bereits die Eintrittskarte für das Spiel und Körry-Bratwurst mit drin.«

»Tut mir Leid. Dann kann ich für Sie nichts mehr tun.«

»Jörg, die verarschen uns doch nur. Lass uns sofort wieder zurückfliegen«, meint der mit dem verschwitzten Trikot, »dann sind wir auch morgen auf Schalke leif dabei!«

»Jungs, ich drücke euch gegen Bayern die Daumen«, rufe ich denen hinterher, während ich zum Strand runterlaufe. Ich schau mir an der Bushaltestelle den Fahrplan für morgen ganz genau an, damit ich zum Spielbeginn auch wirklich rechtzeitig in Playa del Ingles bin.

Terrorist-Tevfik

In diesem Jahr will ich mal richtig Urlaub machen in der Türkei.

All die Jahre in meinem Dorf nichts als Gurken ernten reicht mir langsam!

Die Dinger hören doch nie auf zu wachsen. Kaum sind wir da, warten die Gurken schon sehnsüchtig auf uns, um endlich abgeerntet zu werden. Mittlerweile habe ich das ungute Gefühl, die wachsen nur, um mir den Urlaub zu versauen!

Damit nichts schief läuft, habe ich mit meinem Kollegen Terrorist-Tevfik verabredet, zusammen in Bodrum Urlaub zu machen. Der Mann ist natürlich kein echter Terrorist! In Wirklichkeit ist er Lackierer in Halle 3. Tevfik war es leid, als Ausländer immer als Terrorist angesehen zu werden, und hat den Spieß einfach umgedreht: Er hat eine Visitenkarte drucken lassen, auf der nicht Lackierer, sondern Chefterrorist steht. Seitdem heißt er bei uns nur noch Terrorist-Tevfik!

Genau wie mein Freund Cemal, der Gemüsehändler ist, aber von allen nur Dax-Cemal genannt wird. Für ihn sind die Börsennachrichten das Wichtigste auf der Welt. Er wollte sogar im letzten Jahr allen Ernstes seinen kleinen Gemüseladen an die Börse bringen, aber die Pleite von der Telekom hat ihn dann doch ziemlich entmutigt. Und dann gibt's natürlich noch den Casanova-Luigi, sein Spezialgebiet sind die Damen. Aber das ist jetzt ein ganz anderes Thema.

Auf jeden Fall freue ich mich auf Terrorist-Tevfik viel mehr als auf die Gurken. Obwohl manche von denen sich, rein optisch gesehen, durchaus mit ihm messen können; vom IQ her sind sie ihm alle sogar um einiges überlegen!

Ich bin mir bewusst, dass mein Entschluss, nach 30 Jahren endlich auch einmal in der Türkei Urlaub zu machen – wenn wir schon mal da sind –, in unserem Dorf eine kleine Revolution darstellt!

»Aber Osman, was sollen denn die Leute sagen, wenn wir bei unseren Verwandten auf dem Feld nicht mithelfen?«, jammert Eminanim.

»Seit Jahren fahre ich in die Türkei und arbeite auf dem Feld, bin ich eigentlich bescheuert? Mir reicht's! Wir bleiben ja schon ein paar Tage bei den Verwandten. Die sind auch bestimmt froh, wenn wir mal für zwei Wochen in den Süden verschwinden«, versuche ich sie zu beruhigen.

»Da bringst du was durcheinander, Osman. Meine Verwandten sind nicht wie du deutschlandgeschädigt. Bei denen werden die Gäste noch geschätzt«, schimpft sie.

»Ich weiß, billige Erntehelfer werden überall geschätzt. Für die Spargelernte kommen sie aus Polen nach Deutschland, und für die Gurkenernte kommen sie aus Deutschland in die Türkei.«

»Ich werde auf jeden Fall bei meinen Eltern bleiben und denen bei der Feldarbeit helfen, so wie es sich gehört«, sagt Eminanim trotzig.

»Wie du willst. Ich hab jedenfalls für mich und Terrorist-Tevfik das beste Hotel von Bodrum schon für zwei Wochen im Voraus bezahlt. Die beiden Zimmer haben uns mehr gekostet als alle deine Gurken zusammen!«

Und dann lasse ich endlich alles hinter mir; die Halle 4,

meinen Meister Viehtreiber, das schreckliche Bremer Wetter und sogar meinen geliebten Ford-Transit.

Nach nur zwei Tagen Gurken ernten taucht endlich auch mein Kollege Terrorist-Tevfik auf. Gleich morgen Früh wollen wir zusammen in Richtung Süden düsen. Ist mir doch egal, wie die ganzen Gurken hier im Dorf über mich denken.

»Eminanim, kannst du mir bitte jeden Morgen zum Frühstück eine frische Gurke nach Bodrum schicken, die du eigenhändig gepflückt hast?«, sage ich am nächsten Tag gutgelaunt, während ich meinen kleinen Koffer hinten in den Mietwagen stopfe.

Danach fängt auch schon der obligatorische »Gruppensex« an, der immer stattfindet, wenn sich irgendwo auf der Welt die Türken voneinander verabschieden.

Alle meine Verwandten, Bekannten und die Leute aus unserem und den umliegenden Dörfern küssen mich auf beide Wangen, und ich muss natürlich notgedrungen die ganzen verschwitzten Gesichter auch zurückknutschen. Ich hätte nie gedacht, dass ich eine so große Anhängerschaft habe; die Knutschzeremonie will einfach nicht enden! Ich habe noch nie so viele schnurrbärtige, hässliche Kerle, die ich noch nie im Leben gesehen habe, küssen müssen. Als ich auch noch den hässlichsten mit dem längsten Schnurrbart auf beide Wangen geküsst und herzlich umarmt habe, brüllt der Unbekannte mich plötzlich an:

»Hier spricht die Polizei! Hände hoch! Ihr beide seid verhaftet!«

»Wieso das denn? Ist jetzt öffentliches Knutschen beim Abschied in der Türkei auch verboten, oder was?«, frage ich verwirrt.

»Keine dummen Fragen! Natürlich ist es verboten, eine

Amtsperson während der Dienstzeit vor allen Leuten mitten auf der Straße abzuknutschen!«, ruft er und legt mir blitzschnell Handschellen an.

Einerseits bin ich froh, dass diese höchst peinliche und lästige Sitte endlich unter Strafe gestellt worden ist, aber andererseits ärgert es mich, dass mich niemand vorgewarnt hat. Ich muss zugeben, das ist ein durchaus gelungener Racheakt meiner Verwandten, weil ich sie mit ihren Gurken alleine sitzen lassen und Urlaub machen wollte.

In dem Moment sehe ich, dass auch mein Arbeitskollege Tevfik von mindestens 20 Polizisten, alle mit Maschinenpistolen, eingefangen und brutal gefesselt wird.

»Herr Engin, als Komplizen von diesem Terroristen Tevfik nehme ich Sie hiermit auch fest«, zieht der Kommissar einen Haftbefehl aus der Tasche.

Vor den Augen des gesamten staunenden Dorfes werden wir brutal in den Polizeibus gedrängt.

»Aber das mit dem Terroristen ist doch nur 'n Witz! Wegen der Visitenkarte verhaftet man doch keine Menschen! Nach dieser Theorie müsste man ja Osama bin Laden wieder laufen lassen, wenn auf seiner Visitenkarte Staplerfahrer stehen würde!«

Der Kommissar bleibt stur:

»Das ist nicht irgendeine Visitenkarte. Das ist eine deutsche Visitenkarte; also ein offizielles Dokument! Abführen!«

Meine Frau versucht mich zu trösten:

»Osman, damit du das Hotel nicht umsonst bezahlt hast, fahre ich gleich mit meiner Mutter nach Bodrum. Und ich sage meiner Tante Ülkü, dass sie dir jeden Tag eine frische Gurke ins Gefängnis schicken soll!«

Banjii auf Türkisch

Ich fahre mit meinem Ford-Transit ganz gemütlich über die längste Hängebrücke Europas und genieße die unglaublich schöne Aussicht auf Istanbul.

Diese Bosporus-Brücke verbindet einfach so, ganz allein, Orient und Okzident. Was viele kluge Köpfe in Europa und in der Türkei nicht geschafft haben, haben japanische Ingenieure mit einigen Tonnen Stahl und Beton eindrucksvoll auf die Beine gestellt!

Es ist unglaublich, wie rasend schnell die Türkei sich verändert. Früher durfte man zum Beispiel auf dieser Bosporus-Brücke nicht mal anhalten, jetzt blockieren gleich reihenweise Autos die rechte Fahrbahn, und die Leute picknicken am Rand in aller Ruhe. Eine große Menschenmenge schaut sich dabei die mutigen Jugendlichen an, die dort Banjiijamping machen. Mehrere Fernsehkameras verfolgen die Aktivitäten, es scheint heute wohl mitten auf der Bosporus-Brücke eine offizielle Sportveranstaltung zu laufen.

Ich parke meinen Ford-Transit direkt hinter einem Übertragungswagen und mische mich unter das Volk, welches das Geschehen aufmerksam verfolgt.

Ein junger Mann trifft die letzten Vorbereitungen, um loszuspringen. Alle Augen und Kameras richten sich auf ihn.

»Hallo, Bruder, sag mal, macht man Banjiijamping in der Türkei wirklich ohne Gummiseil, ist das nicht ein bisschen gefährlich?«, frage ich irritiert meinen Nebenmann, der seelenruhig an seinem Sesamkringel knabbert.

»Wir haben hier andere Regeln als in Europa«, schmatzt er.

»Aber der könnte doch ohne Seil unter Umständen vielleicht ganz hart auf das Wasser knallen und sich ein bisschen weh tun«, rufe ich völlig erstaunt, obwohl ich in meinem Innersten schon ziemlich stolz über den unglaublichen Mut meiner jungen Landsleute bin.

»Hast du Recht, Bruder, wenn ich es mir so richtig überlege, ein klein wenig riskant werden diese Extrem-Sportarten in der Türkei schon praktiziert. Na ja, wie halt das ganze Leben hier! Indianer und Türken kennen keinen Schmerz!«

»Hey, junger Mann, so geht das aber nicht! Diese Brücke ist doch fast 100 Meter über dem Meer. Wenn Sie runterspringen, könnten Sie sich böse verletzen«, rufe ich besorgt dem jungen Sportler zu, der in dem Moment springen will.

»Mensch, Sie Idiot, gehen Sie doch aus dem Bild raus«, brüllt mich ein Kameramann an, »gerade wo der Kerl jetzt springen will! Los, geh sofort zur Seite!«

»Aber das ist doch kein richtiger Banjiisprung«, belehre ich ihn, »bei uns in Deutschland macht man das mit einem richtig dicken, soliden Gummiseil. Nicht dass ich schon selber mal gesprungen wäre, aber so was sieht man doch ständig im Fernsehen. Ihr wisst ja, was für unglaubliche Sicherheitsfetischisten die Deutschen sind ...«

»Paaaatsch!!!«, werde ich von dem kräftigen Aufprallgeräusch des törichten Extremsportlers unterbrochen. Ein bewunderndes Raunen geht durch das Publikum.

»Sehen Sie, jetzt kommt er bestimmt nicht so schnell wieder hoch! Wenn er nur vorher auf mich gehört hätte ...«

Noch bevor ich meinen Satz beenden kann, springt diesmal

eine furchtlose Sportlerin ebenfalls von der Brücke. Kameramänner laufen aufgeregt hin und her, und das Publikum schaut fasziniert zu.

Ich will ja nicht arrogant, besserwisserisch, miesepeterig und superdeutsch klingen, aber trotzdem rufe ich laut:

»Leute, die beiden werden sehr lange brauchen, bis die Wehwehchen abgeklungen sind, damit sollte man wirklich nicht spaßen!«

Aber kein Mensch will mich hören.

Im Grunde genommen muss ich natürlich zugeben, dass es wirklich klasse aussieht, wenn man wie ein Hammer auf das Wasser aufschlägt, anstatt mit einem hässlichen, dicken Gummiseil um den Bauch wie ein lächerlicher, schäbiger Wurm am Angelhaken hin und her zu zappeln, so wie es die feigen Europäer praktizieren. Dazu macht ohne Sicherung und doppelten Boden zu springen einen viel kuuleren, mutigeren und hochmoderneren Eindruck.

Ohne die Wertung der Punktrichter abzuwarten, steige ich wieder in meinen Ford-Transit ein. Ich bin schwer ergriffen davon, was die Türken heutzutage alles auf die Beine stellen, um die Welt und insbesondere die EU richtig zu beeindrucken.

Reality-Schow auf dem Bosporus

Ich fahre mit Eminanim gemütlich über die Bosporus-Brücke in Istanbul und genieße erneut die sagenhafte Aussicht.

Die rechte Fahrbahn ist schon wieder blockiert!

Auch heute findet offenbar ein öffentlicher Wettbewerb im Banjiispringen statt.

»Eminanim, lass uns mal ein bisschen zugucken. Ist echt witzig, was die jungen Türken da treiben. Diese Burschen sind so unglaublich mutig, die springen ohne Gummiseil runter in das tiefe Wasser«, rufe ich und parke meinen Ford-Transit wieder hinter einem Übertragungswagen.

Völlig entgeistert springt meine Frau aus dem Auto und kreischt:

»Osman, das sind doch Selbstmörder!«

»Frau, nicht übertreiben, bitte! Ein bisschen riskant und verrückt ist das schon, zumindest für deutsche Verhältnisse. Aber diese Sportler gleich Selbstmörder zu nennen, nur weil sie keine Sicherheitsgurte tragen, finde ich überzogen. In der Türkei fahre ich schließlich auch ohne Sicherheitsgurt. Ich glaube, Sonne, Wasser und Luft treiben einen dazu! Das Land macht selbst aus mir einen draufgängerischen Abenteurer!«

»Osman, du Idiot, das sind wirklich Selbstmörder! Denkst du, irgendjemand könnte diesen Sprung aus hundert Metern überleben? Erst vor zwei Tagen habe ich stundenlang leif im Fernsehen verfolgt, wie ein junger Mann und ein junges Mädchen runtergesprungen sind, weil die Eltern gegen ihre Beziehung waren.«

»Woher willst du denn das wissen?«

»Das haben sie den Reportern erzählt, die ein ganz langes Mikrofon zu denen gehalten haben. Die beiden haben gedroht, entweder die Eltern erlauben, dass sie heiraten dürfen, oder sie springen runter.«

»Meinst du, die grausamen Eltern haben sie trotzdem springen lassen?«

»Die Reporter haben unter den Telefonnummern, die das junge Paar ihnen gegeben hat, niemanden erreichen können. Sie haben nur einen Nachbarn des Mädchens und den Onkel von dem Jungen am Telefon erwischt. Und die beiden meinten, sie dürfen zwar die Blumen der Eltern gießen und die Post für sie annehmen, aber in so wichtigen Fragen wie der Ehe möchten sie keine Entscheidung treffen. Die Eltern hätten ihnen jedenfalls für so einen Fall die Entscheidungsgewalt und die Verantwortung nicht ausdrücklich übertragen!«

»Unglaublich! Das hast du alles im Fernsehen verfolgt?«

»Ja, was dachtest du denn? Kurz bevor sie abgesprungen sind, hat man sogar gehört, wie ein Idiot am Rumbrüllen war, dass sie ohne Gummiseil nicht runterspringen dürften!«

»Eminanim, du kannst doch nicht Leute, die du überhaupt nicht kennst, einfach Idioten nennen! Vielleicht war der ja ein genauso intelligenter Mensch wie ich. Oder sogar wie du!«

»Wie ich ganz bestimmt nicht! Wie du schon eher! Er klang sogar wie du. Stell dir mal vor, Selbstmord mit einem Gummiseil. Meint der Blödmann denn etwa, man wird schon sterben, wenn man an der frischen Luft hin und her zappelt? Oder glaubt er, das Seil wird um den Hals geknotet?«

»Der Blödmann weiß doch gar nicht … ich meine, der gute

Mann kann doch gar nicht wissen, dass die Lebensmüden hier Selbstmord machen«, verteidige ich den unbekannten Mann aus dem Fernsehen, der sich nach 30 Jahren harter Arbeit in Halle 4 in Deutschland mit den hiesigen Sitten und Gebräuchen leider nicht mehr ganz auszukennen scheint.

»Kamera drei, jetzt mach mal schnell 'nen Zoom auf den Rausgeschmissenen. Und Suphi, halt du ihm sofort das Mikro unter die Nase«, hören wir die Regieanweisungen aus einem der Übertragungswagen. Der Mann um die 50, der sich sprungbereit an der Brüstung festhält, fragt hoffnungsvoll:

»Na, was hat mein Chef denn gesagt, nimmt er die Kündigung endlich zurück?«

»Nicht direkt«, meint der Reporter, »Ihr Chef sagt, die momentane Lage auf dem Arbeitsmarkt und die schlechten Bilanzen der Firma würden es derzeit nicht erlauben ...«

»Bitte eiern Sie nicht rum! Ich kann die Wahrheit vertragen. Sagen Sie mir ganz klipp und klar, was der Blutsauger gesagt hat!«, brüllt der verzweifelte Mann in sechs Mikrofone gleichzeitig, die ihm entgegengehalten werden.

»Wie du willst, Bruder, wenn ich ehrlich sein soll, dann hat dein Boss gerade am Telefon gesagt: ›Ist mir doch egal! Von mir aus soll der Bekloppte sich ruhig umbringen, dann spare ich mir wenigstens die Abfindung!‹«

»Aber der Geier hat sich sowieso mit Händen und Füßen gewehrt, mir eine Abfindung zu zahlen!«

»Stimmt, Bruder! Danach hat dein Chef sich auch sofort korrigiert und gesagt: ›Aber Abfindung kriegt der Penner sowieso nicht. Ob tot oder lebendig!‹«

Kaum hat der Reporter seinen Satz beendet, lässt der gebrochene Mann die Brüstung los und rast wie ein Stein nach unten in die Tiefe.

»Sie unfähiger Vollidiot! Sie dürfen doch den armen Menschen nicht so brutal die Wahrheit an den Kopf knallen! Wollt ihr denn unbedingt, dass die Leute sich reihenweise umbringen? Wozu hat man mich denn hierher gerufen?«, wird er von einem grauhaarigen Herrn mit Krawatte zurechtgewiesen.

»Was kann ich denn dafür? Er hat doch gesagt, dass er die Wahrheit verträgt. Woher soll ich wissen, dass der Schwachkopf mich reinlegt und trotzdem 'nen Abgang macht?!«

»Hör mal zu, du Komiker, du bist wohl neu im Geschäft. Ich mach das hier schon seit Jahren. Ich überlege mir sogar, hier mitten auf der Brücke noch eine Praxis zu eröffnen. Das weiß doch der letzte Depp, dass man bei diesen gebrochenen Menschen nicht sofort mit der Wahrheit ins Haus fallen darf!«

»Sonst fallen die sofort von der Brücke«, ergänzt einer der Schaulustigen.

»Du führst doch hier keine Interviews über Fußball oder Sommermode, verdammt noch mal«, macht der wütende Psychologe den unglücklichen Reporter weiterhin zur Schnecke, während alle Fernsehsender eifrig ihre Kameras auf die beiden richten.

»Bruder, wenn du noch weiter auf mir rumhackst, dann springe ich gleich auch runter!«

»Hör mal, Suphi, wenn du jetzt springst, wirst du auf der Stelle gekündigt«, wird er von seinem Sendeleiter ermahnt, »dann kannst du gleich morgen Früh deine Papiere holen!«

»So, das reicht mir langsam«, brüllt der Reporter und klettert über die Brüstung. »Ich hatte euch gewarnt, wenn ihr weiter auf mir rumhackt, springe ich auch runter!«

Wird aber vom aufmerksamen Publikum blitzschnell festgehalten. Sofort strecken ihm seine Exkollegen mehrere Mikros unter die Nase.

»Sag mal, Kollege, warum wolltest du denn dein Leben beenden?«

»Bruder, was soll ich machen, bis vor einer Minute war ich hier auf der Brücke auch ein ganz normaler Reporter so wie du. Hab versucht, meinen Job so gewissenhaft wie möglich auszuführen. Hab versucht, den Kontakt zwischen den Selbstmördern und ihren Bekannten herzustellen. Hab versucht, aus einem gemeinen: ›Soll doch springen, das dumme Arschloch‹, ein: ›Wir lieben dich und wünschen dich wieder in unserer Mitte zu sehen, komm bitte zurück‹ zu machen. Aber denkst du, dafür wird einem heutzutage noch gedankt?«

»Du hast ja so Recht, Kollege«, rufen die anderen Reporter unterstützend.

»Brüder, wenn ich hier so fertig gemacht werde, was bleibt mir denn sonst anderes übrig, als mit runterzuspringen?«, diktiert der verzweifelte Reporter in die Mikrofone seiner ehemaligen Kollegen.

»Hören Sie mal, junger Mann, erstmal bin ich hier an der Reihe, dann sind Sie dran. Einer nach dem anderen, Vordrängeln gilt hier nicht«, wird er von einer Oma unterbrochen, die sich mit ihren zittrigen Händen an den Gittern der Brüstung festklammert. Ich frag mich ehrlich, wie es die alte Frau auf die andere Seite der hohen Brüstung geschafft hat. »Junger Mann, ich warte hier schon etwas länger als Sie. Außerdem sollten Sie mehr Respekt vor dem Alter haben!«

»Jetzt macht die mich auch noch fertig«, jammert Suphi.

»Übrigens, hat einer der Reporter mit meinem herzlosen Vermieter gesprochen? Ich bin schon seit fast einer Woche hier auf der Brücke. Ich will endlich Klarheit, soll ich nun springen oder nicht?«, fragt die ziemlich selbstbewusste Oma in die Runde.

»Ja, Oma, ich hab ihn gerade am Apparat gehabt«, sagt der Reporter Suphi, der sich trotz seines Eifers bei seiner Arbeit nicht richtig gewürdigt fühlt.

»Und was hat der Penner gesagt?«

»Nichts zu machen! Er braucht die Wohnung für seinen Sohn, der nächsten Monat heiratet. Du musst ausziehen, Oma.«

»Er hat doch gar keinen Sohn, der blöde Hund!«

»Du, Osman, die Oma ist heute wirklich schon zum dritten Mal dabei. Ich hab sie oft im Fernsehen gesehen. Ich finde, die macht einen glaubwürdigen Eindruck«, kommentiert Eminanim die Absprung-Kandidaten. »Die alte Dame scheint nicht bloß auf Pablisiti aus zu sein wie einige von diesen Silikon-Models, die schon seit Tagen hier auf der Brücke rumturnen und so tun, als wenn sie springen würden, nur um in die Schlagzeilen zu kommen und berühmt zu werden. Und ich muss sagen, der junge Reporter Suphi ist mir bisher auch immer nur positiv aufgefallen.«

Während ihrer sachlichen Analyse der Lage auf der Bosporus-Brücke wird meine Frau plötzlich sehr lautstark vom Regisseur unterbrochen:

»Stopp! Aus! Wir machen zehn Minuten Werbepause! Ich gehe erstmal einen anständigen Tee trinken! Wenn ihr jetzt springt, interessiert das kein Schwein!«

Ich bin gegen den EU-Beitritt der Türkei

Ich gebe hiermit öffentlich zu, im Grunde meines Herzens bin ich eigentlich gegen einen EU-Beitritt der Türkei!

Aber trotzdem sind meine Gefühle natürlich zwiespältig. In meiner Brust schlagen zwei Herzen. Nein, nein, nein, keine Angst, nicht dass Sie sich Sorgen machen müssten, ich hätte einen Geburtsfehler oder was Ähnliches! Was ich hier so blumig orientalisch auszudrücken versuche, soll eigentlich nur dazu dienen, irgendwie zu verdeutlichen, dass ich bei der Frage des EU-Beitritts der Türkei mit mir selber etwas uneins bin.

Einerseits habe ich überhaupt nichts dagegen, dass die Türkei in die EU reinkommt. Dadurch würde sie mit der Zeit ganz nah an das moderne Europa heranrücken und sich immer mehr vom rückständigen Orient entfernen, sagen die Experten. Das ist für mich ein ganz wichtiges finanzielles Kriterium. Ich könnte in Zukunft diese alljährlichen teuren Reisekosten ein für allemal sparen und zu meinen Eltern und Verwandten in Anatolien zu Fuß gehen, wenn die Türkei wirklich wie versprochen ganz nah an Bremen heranrücken sollte.

Andererseits liebe ich Luxusmarken, und die gibt es nun mal am günstigsten in der noch nicht euroverdorbenen Türkei, die ein richtiges Paradies auf diesem Gebiet ist.

Viele der großen Markennamen, die nicht mal ein Geschäft in Bremen haben, bekommt man dort sogar im kleinsten Badeort zu einem wahren Spottpreis regelrecht nachgeschmissen.

Edelmarken wie Güci, Bös, Laköst, Kristian Diyör, Jöpp usw. Eine echte Güci-Uhr für 40 Euro, und man darf sogar noch verhandeln! Ich hab mir sofort gleich drei Stück von diesem wertvollen Statussymbol gekauft. Eine schicke Güci-Uhr mit echten Diamanten für Eminanim für 38 Euro, eine Männer-Güci im Titangehäuse für mich für 27 Euro und eine süße kleine Kinder-Güci für Hatice für stolze 9,50 Euro!

Hatice hat ihre Güci noch am gleichen Tag am Strand verloren, und wir haben auf dem Nachhauseweg sofort noch eine für sie gekauft: als treue Kunden der berühmten Edelmarke für nur 8 Euro!

Dieses herrliche Land ist der wahre Garten Eden für preisbewusste Verbraucher, die auf ihr gewohntes Luxusleben auf gar keinen Fall verzichten wollen und dabei kräftig sparen möchten. Und diese unglaubliche Preiswertigkeit gepaart mit einer fantastischen Dienstleistungsmentalität beschert mir zum Ende meines Urlaubs noch ein paradiesisches Schnäppchen:

»Mein Herr, ich habe supertolle Lövis-Hemden für Sie«, spricht mich ein junger türkischer Unternehmer mit seinem Bauchladen auf der Straße in Fethiye an:

»Lass mal, mein Sohn, ich mag Lövis nicht«, sage ich und gehe weiter.

»Laköst, Bös, Wröngler, egal was Sie haben wollen, mein Herr«, lässt der tüchtige Geschäftsmann nicht locker.

»Danke, aber diese Marken mag ich alle nicht.«

»Kein Problem, mein Herr, sagen Sie, welche Marke Sie haben wollen, wir drucken alles drauf.«

Bei dem Angebot kann ich nicht mehr nein sagen!

Ich nehme drei Röleks-Hemden zu je 4,50 Euro!

Eminanims EU-Sorgen

Meine Frau läuft seit Tagen wie ein aufgescheuchter Truthahn durch die Wohnung. So, als wäre sie als Weihnachtsbraten vorgesehen und würde bald gerupft.

»Eminanim, was ist denn los? Nun sag schon endlich, was hab ich dir wieder getan?«, frage ich. Mit ihren geröteten Augen schaut sie mich ängstlich an:

»Osman, was mach ich denn nur, wenn die uns nicht haben wollen?«, jammert sie.

»Was meinst du denn jetzt, Eminanim, meinst du die neuen Nachbarn von unten?«, frage ich überrascht.

»Nein, die doch nicht!«

»Ach, du meinst die neue Autoversicherung, zu der ich wechseln wollte?«

»Nicht doch! Ihr Männer seid so was von unsensibel«, schluchzt sie und lässt ihren Tränen freien Lauf.

»Eminanim, wenn du nichts sagst, kann ich auch nicht wissen, warum du heulst?«

»Osman, was soll ich denn bloß machen, wenn die EU uns nicht haben will?«

»Frau, sonst hast du keine Sorgen, wie? Wir leben schon seit zwanzig Jahren in der EU«, versuche ich sie zu beruhigen.

»Ich meine doch nicht uns selber, du Idiot, sondern die Türkei!«

»Mach dir mal keine Sorgen, Eminanim. Die Türkei ist als Braut allen Forderungen nachgekommen, hat sich hübsch gemacht und wartet jetzt nur noch auf den Bräutigam.«

»Und was ist, wenn der Bräutigam merkt, dass das alles nur Schminke und Fassade ist?«

»Du meinst wie bei uns damals? Ist doch gut, die EU wird auch erst in der Hochzeitsnacht merken, was man ihr untergejubelt hat, und dann ist sowieso schon alles zu spät. Dann sind sie bereits verheiratet.«

»Osman, ich habe das ungute Gefühl, dass das wie eine Zwangsheirat aussieht.«

»So ist das Leben. Welcher Mann heiratet schon freiwillig, wenn ihm nicht ein bisschen Druck gemacht wird?«

»Diese Ehe kann nicht gut gehen«, prophezeit mir meine Frau, als hätte sie der EU aus dem Kaffeesatz gelesen.

»Aber wieso das denn, mein Schatz, schau mal, sogar wir sind schon seit 30 Jahren immer noch glücklich verheiratet; eöhm, na ja, zumindest sind wir immer noch verheiratet.«

»Osman, in Filmen gibt's bei solchen Ehen am Ende immer eine Katastrophe, wenn der Bräutigam stinkreich und die Braut arm wie eine Moscheemaus ist«, lässt sie ihre Erfahrungen aus dem jahrzehntelangen Studium von Kitschfilmen und Liebesschnulzen sprechen.

»Eminanim, jetzt leben wir so viele Jahre in Deutschland, und du machst dir immer noch Sorgen um den EU-Beitritt der Türkei. Das lässt sogar aus meinen Augen ein paar Tränen kullern. Du bist eine wahrhaft echte Patriotin«, lobe ich und umarme sie gerührt.

»Was erzählst du denn da für einen Schwachsinn? Spinnst du, oder was? Ich mach mir doch nur Sorgen um meine Schuhe!«, ruft sie verärgert und schubst mich unsanft weg.

»Was denn? Haben deine Schuhe etwa auch einen EU-Beitrittsantrag gestellt?«, frage ich völlig verwirrt.

»Osman, wegen dem EU-Beitritt der Türkei habe ich mit unserer Nachbarin, Oma Fischkopf, eine Wette laufen. Die Verliererin muss für die andere ein paar schöne Winterstiefel kaufen!«

Hühnergrippe

»Osman, ich habe keine Lust mehr, jemals wieder in die Türkei zurückzukehren«, sagt meine Frau höchst traurig mit Tränen in den Augen.

»Eminanim, ich hab doch gar nicht gewusst, dass du so was überhaupt vorhattest«, antworte ich völlig überrascht.

»Klar doch! Sogar die deutschen Rentner übersiedeln massenweise in die Türkei, warum sollte ich das nicht später auch machen?«

»Gut, gut, von mir aus, aber warum willst du jetzt plötzlich nicht mehr in die Türkei zurück? Du wirst doch hoffentlich dort nicht vom Militär als Fahnenflüchtige gesucht?«

Sie schaut mich so böse und vorwurfsvoll an, dass die Antwort in ihren strafenden Blicken förmlich geschrieben steht:

»Das kannst du dir doch wohl denken, du Ignorant!«

»Weil die Türkei bald sowieso genauso wie die EU sein wird, vielleicht?«, frage ich zaghaft.

Sie schnauft sehr energisch! Im berühmten, dicken Wörterbuch ›Deutsch–Eminanim/Eminanim–Deutsch‹ wird das so übersetzt:

»Nein, verdammt noch mal!«

»Weil die Türkei bald sowieso genauso wie der Iran sein wird?«, frage ich daraufhin.

Sie schnauft noch heftiger und verdreht dabei tadelnd die Augen.

Im ›Deutsch–Eminanim/Eminanim–Deutsch‹ lesen wir dazu auf Seite 726:

»Nein, mein Gott! Lebst du auf dem Mond, oder was?«

»Weil dort die Gefängnisse voll mit Schriftstellern sind?«

Sie lässt sich endlich wieder so weit unters Fußvolk herab, dass sie nicht mehr mit Untertiteln, sondern im Originalton antwortet:

»Ich kenn doch keinen einzigen Schriftsteller, mein Gott!«

Worauf ich mit diesem vielsagenden Hüsteln:

»Ööhheem, öhheeemm« entgegne.

Was gleich auf Seite 1 des winzigen Büchleins ›Frau–Osman/Osman–Frau‹ als:

»Was bin ich denn wohl hier? Ein Hanswurst, oder was?« seine Übersetzung findet.

»Osman, du brauchst nicht so komische Geräusche von dir zu geben! In der Türkei werden aus Prinzip nur richtige Schriftsteller ins Gefängnis gesteckt!«

»Ach, jetzt weiß ich es endlich«, freue ich mich, »wir können nicht mehr in die Türkei zurück, weil unsere Kinder nicht mal im Traum daran denken, auch mitzukommen, nicht wahr, mein Täubchen?«

Sie grunzt sehr verächtlich und verzieht ihr Gesicht so sauer, als hätte sie eine ganze Zitrone gegessen.

»Eminanim, ich finde das sehr anstrengend, ständig in irgendwelchen Wörterbüchern zu blättern, um mit dir einigermaßen kommunizieren zu können. Kannst du mir bitte endlich klipp und klar sagen, warum du nicht mehr in die Türkei zurückkehren kannst?«

»Osman, du weißt doch, dass es mein Traum war, falls wir irgendwann mal wieder in die Türkei zurückgehen sollten, unseren nervigen Wecker endgültig an die Wand zu knallen!«

»Weiß ich doch! Klasse Idee! Nach dreißig Jahren hasse ich diesen Wecker auch wie die Pest! Du glaubst gar nicht, wie dieser blöde Wecker mir Tag für Tag auf den Wecker geht! Ich könnte jeden Morgen die Wände hochgehen!«

»Osman, ich hab dir doch gesagt, wenn wir mal in Rente gehen, dann will ich in unserem Dorf ein paar Hühner züchten. Ich liebe diese niedlichen kleinen Küken. Aber jetzt wollen die Türken das wegen der Hühnergrippe für immer verbieten. Kannst du mir bitte mal verraten, warum ich in die Türkei gehen soll, wenn ich sowieso weiterhin mit einem nervigen ›Ziiiirrrrrrnn‹ aufstehen muss statt mit einem romantischen ›Kikeriiikiiiiii‹?«

EU-Alptraum

»Eminanim, gestern habe ich mich auf der Straße fast zwei Stunden mit meinem ehemaligen Hauptschullehrer Yusuf Bey unterhalten. Das war genau wie damals in guten alten Zeiten. Es hat nur noch gefehlt, dass er mir die Ohren lang zieht.«

»Das ist ja schön, Osman. Worüber habt ihr euch denn zwei Stunden so unterhalten, wenn ich fragen darf?«

»Über dies und das. Über Mehmets Studium, über das schlechte Fernsehprogramm und über das miese Wetter in Deutschland.«

»Osman, bist du sicher, dass der wirklich dein Hauptschullehrer Yusuf Bey war?«

»Selbstverständlich! Schließlich haben wir uns doch zwei Stunden unterhalten! Denkst du, ich rede mit jemandem stundenlang und weiß nicht, wer das ist? Frau, Frau, noch habe ich kein Alzheimer!«

»Reg dich nicht auf, Osman, ich wollte nur sichergehen, ob du dich wirklich mit Yusuf Bey unterhalten hast!«

»Klar doch, Eminanim, wenn ich's schon sage!«

»Dann ist es wirklich eine tolle Leistung, Osman! Besonders dann, wenn man bedenkt, dass der Yusuf Bey schon über 40 Jahre tot ist. Als er starb, da war ich noch in der dritten Klasse. Mehmet war überhaupt noch nicht geboren, du und ich wussten nämlich noch nicht mal, wie so was geht. Und ich hatte noch kein Kino von innen gesehen, geschweige denn einen Fernseher! Und der gute alte Yusuf Bey war zeit seines Lebens nie in Deutschland.«

»Meinst du? Unglaublich, wie schnell die Zeit vergeht, nicht wahr, Eminanim?«

»Osman, das Ganze hast du wieder nur geträumt. Ich weiß nicht, ob du es merkst, aber das passiert dir in letzter Zeit immer öfter, dass du irgendwas träumst und hinterher nicht weißt, ob du es geträumt oder wirklich erlebt hast.«

»Aber gewundert habe ich mich schon ein bisschen! Ich hab mich die ganze Zeit gefragt, wie der Kerl es wohl geschafft hat, in den ganzen 40 Jahren um keinen einzigen Tag zu altern.«

»Osman, bitte, entweder träume nicht mehr so blöd oder nerv mich nicht ständig damit!«

»Eminanim, bitte, nur noch das eine Mal. Sag mir, dass unsere Ehe auch ein böser Alptraum ist und dass ich in Wirklichkeit Zinedine Zidane bin!«

Liebe Leserinnen und Leser, auf die gleiche Art und Weise habe ich wohl heute Nacht an den Beitrittsverhandlungen zwischen der Türkei und der EU teilgenommen. Der Sprecher der türkischen Delegation macht mal wieder eine sehr ernste Miene und ruft:

»Sehr geehrte Damen und Herren, diese Verhandlungen laufen wirklich äußerst schleppend. Die türkische Bevölkerung wird langsam unruhig. Wir haben bereits das Jahr 2129, diese Kommission diskutiert also schon seit 123 Jahren, aber wir haben noch nicht mal die Hälfte der strittigen Punkte abgehakt!«

Der Vorsitzende der EU-Delegation hebt warnend den Zeigefinger und gibt zu Protokoll:

»Meine sehr geehrten Damen und Herren aus der Türkei,

öhm, das mit den Damen nehme ich zurück, seit 123 Jahren haben wir hier keine einzige Frau bei euch gesehen. Meine sehr geehrten Herren und Herren aus der Türkei, im Bereich der Menschenrechte sind Sie leider keinen Millimeter vorangekommen. Alles ist genauso wie vor 123 Jahren, wenn nicht noch schlechter!«

Der türkische Verhandlungsführer springt auf und ruft:

»Meine Damen und Herren, vielleicht haben wir keine Frauen dabei, aber dafür jede Menge Staplerfahrer«, und gibt dem türkischen Staplerfahrer vor der Tür hektische Zeichen, woraufhin der sofort mehrere Paletten Akten in den Saal fährt.

»Sehen Sie, meine Damen und Herren, hier in diesen Unterlagen können Sie nachschauen, dass Sie uns bereits vor 68 Jahren bescheinigt haben, dass die Menschenrechte in der Türkei längst auf europäischem Niveau seien.«

Gleich darauf gibt er einem anderen Staplerfahrer ein Zeichen, und erneut werden mehrere Tonnen Papier in den Saal geschoben und für alle Fernsehkameras gut sichtbar platziert. »Aber wie Sie fairerweise zugeben müssen, haben in den letzten 67 Jahren andere Punkte Priorität gehabt. Und da kann es schon mal vorkommen, dass es bei den Menschenrechten zu gewissen Rückschritten …«

Der türkische Delegationsleiter redet und redet und redet. Er zieht sehr vorwurfsvoll eine kleine Bilanz der letzten 123 Jahre, die er in seiner knapp sieben Monate dauernden und sehr engagierten Rede kurz zu umreißen versucht. Ganz zum Schluss geht er sogar so weit, selbst auf die Gefahr hin, die Europäer zu verletzen, der EU so was wie eine Hinhaltetaktik vorzuwerfen.

In meinem Traum wundere ich mich überhaupt nicht darüber, dass seine Rede glatte sieben Monate dauert.

Was mich danach aber etwas stutzig macht, ist die Tatsache, dass danach der indische EU-Abgeordnete Singh Aga Khan aus Kalkutta-Süd aufsteht und kopfschüttelnd laut ruft:

»Ihr Türken, ihr müsst wirklich langsam eure Geburtenrate unter Kontrolle bekommen; es gibt auch andere Hobbys. Wenn wir euch jetzt so aufnehmen würden, dann wäre die Türkei ja plötzlich das bevölkerungsreichste Land der EU!«

Dem indischen EU-Abgeordneten wird dabei besonders von seinen chinesischen EU-Kollegen lautstark applaudiert!

EU-Abwasch

Mein lieber Neffe Osman,
wie geht es dir und wie geht es deiner lieben Frau Eminanim?

Wie geht's deinem schrecklichen kommunistischen Sohn Mehmet, wie geht's deiner angeblich feministischen Tochter Nermin und wie geht's den dummen faschistischen Skinhääds in eurem Viertel? Machen die euch immer noch Schwierigkeiten?

Mein lieber Neffe Osman, ich habe leider sehr unerfreuliche Neuigkeiten erfahren, was die EU betrifft. Deshalb sage ich jetzt von vornherein klipp und klar: Die EU kann mich mal!

Gestern Mittag kam ich nämlich vom Männercafé nach Hause, wo ich, wie immer morgens, meine vier Stunden Karten gespielt hatte. Ich aß Bohnen mit selbst gemachten Nudeln und Knoblauchjoghurt. Du weißt ja, nach dem Essen ruhe ich mich immer etwas aus und halte ein kleines Nickerchen, damit ich für die Nachmittagspartien im Männercafé wieder fit bin. Es war also alles ganz normal wie immer in den letzten 60 Jahren. Plötzlich kam deine Tante Ülkü ins Zimmer gestürmt und schubste mich vom Sofa runter. Zuerst dachte ich, Bohnen und Knoblauch vertragen sich nicht und proben den Aufstand. Aber als ich vom Boden hochblickte und deine Tante mit ihren in die Hüften gestemmten Fäusten mich böse anstarren sah, da wusste ich, dass ich die armen Bohnen und den Knoblauch grundlos und ungerecht beschuldigt hatte.

»Frau, was ist denn in dich gefahren?«, stotterte ich.

»Ömer, Ömeeeerr«, schrie sie mich an, »willst du dich nach dem Mittagessen etwa einfach so wieder hinlegen, oder was?«

»Ja, warum nicht?«, stotterte ich weiter schlaftrunken, »zeit meines Lebens habe ich doch nie was anderes gemacht!«

»Damit ist es jetzt endgültig vorbei, du Macho«, brüllte sie mich weiter an, »ab sofort hilfst du mir beim Abwaschen, ist das klar!«

Ich dachte, ich höre nicht richtig, und rief:

»Ich glaube, ich höre nicht richtig!«

»Ömeer, Ömeeerr, so was wie du will also in die EU rein, du Pascha?!«

»Ja, warum denn nicht? Denkst du, in der EU darf man nach dem Essen nicht schlafen?«

»Ömeerr, Ööömeerrr«, schrie sie mich wieder an. Osman, du weißt ja, wenn sie richtig sauer ist, dann ruft sie meinen Namen zweimal laut und zieht ihn immer in die Länge. »Öömeerr, Öömeerrr, ich habe eben im Fernsehen erfahren, die EU-Männer helfen ihren Frauen beim Abwaschen!«

»Mach dir keine Sorgen, die EU wird uns sowieso nicht aufnehmen. Also lass mich in Ruhe weiter schlafen«, versuchte ich mich aus der heiklen Situation zu retten.

Aber trotzdem hat sie mich brutal hinter sich her in die Küche geschleift.

Also gut, dachte ich, was tut man nicht alles für die EU, einmal im Leben kann ich ja ruhig mal ein paar Teller abtrocknen. Danach habe ich mich sofort wieder mit gutem Gewissen hingelegt, um für die Nachmittagspartien im Männercafé genug Kraft zu tanken. Und kaum liege ich da, schon wurde ich wieder brutal vom Sofa geschmissen.

»Ööömeerr, Ööömmmeeerr«, schrie sie mich wieder an, »hast du Penner dich schon wieder hingelegt?!«

»Natürlich! Ich hab doch meinen Teil an EU-Aufgaben schon erledigt. Den Rest muss die Regierung machen.«

Aber sie schleppte mich erneut in die Küche.

»Du Faulpelz! Der Fernseher hat gesagt, die EU-Männer würden auch beim Kochen mithelfen!«

»Frau, ich hab doch gerade erst gegessen. Außerdem, ich kann gar nicht kochen! Und deine EU kann mich mal«, rief ich verärgert.

»Weil du immer sofort schläfst, hast du natürlich nie mitbekommen, dass ich gleich nach dem Mittagessen fürs Abendessen loslege. Zu dämlich, um ein paar Zwiebeln zu schälen, bist du ja wohl nicht, oder?«

Also gut, dachte ich mir, was tut man nicht alles für sein Vaterland? Man geht zum Militär, oder man schält Zwiebeln. Oder beides! Als Soldat hatte ich damals nämlich zwei Jahre lang auch nur Zwiebeln geschält.

Unter Tränen habe ich also gestern die Türkei mit einem Dutzend geschälter Zwiebeln einen Schritt näher an Europa gebracht.

Als ich mich dann ohne eine einzige Sekunde Mittagsschlaf todmüde ins Männercafé geschleppt habe, war kein Mensch da. Aber auf der Straße hörte ich danach die Männer verzweifelt rufen:

»Bei Allah, ich will nicht spülen! Ich will nicht kochen! Die EU kann mich mal!«

Na ja, habe ich gedacht, einmal schlafen, dann ist die Welt wieder in Ordnung, und bin nach Hause gegangen und habe den Fernseher in den Kuhstall geschmissen.

Aber es wurde nicht besser!

Heute musste ich nach dem Abwaschen sogar ganz alleine Pilaw mit Tomaten kochen und anschließend den großen Teppich reinigen! Ich bin mit den Nerven fix und fertig!

Deshalb, mein lieber Neffe Osman, wenn uns die EU ablehnt, werde ich vor lauter Begeisterung einen so tollen Bauchtanz aufführen, dass nicht nur der Ararat, sondern auch der Eiffelturm mitzittern wird.

Pass gut auf dich auf, bleib gesund, iss genug Knoblauch, halt dich aus der Küche fern und grüß Eminanim von mir.

Dein schwer geprüfter Onkel

Ömer Engin.

Das herzzerreißende Schicksal einer armen, verkauften türkischen Braut und der unglaublich hinterhältige, brutale Ehrenmord …

(An der Stelle muss ich mit der Überschrift jetzt leider aufhören, sonst wird die länger als die Geschichte selber!)

»Mehmet, es wird Zeit, dass du langsam heiratest, mein Sohn. In deinem Alter hatte ich bereits vier oder fünf Kinder. Was hältst du davon, wenn wir dir in der Türkei eine schicke Braut kaufen?«

»Das ist ja eine prima Idee, Papa! Endlich kümmerst du dich um deinen Lieblingssohn! Also findest du meinen Harem doch nicht ganz so schlimm, wie du es mir immer vorgeworfen hast.«

»Wenn ich dir eine Frau in der Türkei kaufe, dann musst du natürlich deinem ganzen Harem hier in Deutschland kündigen.«

»Kommt überhaupt nicht in die Tüte! Wenn du unbedingt eine Frau kaufen willst, dann kauf dir doch selber eine!«

»Ich wollte ja! Aber seltsamerweise war deine Mutter damit absolut nicht einverstanden. Das heißt, für mich darf ich keine Frau kaufen. Deine Mutter will auch keine! Der Einzige, für den wir in der Türkei eine Braut kaufen können, bist du! Also stell dich nicht so zickig an!«

»Ich will auch nicht, Vater, frag doch mal Hatice.«

»Mehmet, wenn du schon keine Braut kaufst, um deinen alten Vater glücklich zu machen, kannst du dann nicht wenigstens eine von deinen Schwestern umbringen?«

»Vater, was für Drogen hast du denn heute genommen? Du redest ja nur noch Schwachsinn!«

»Mein Sohn, ich werde dich jeden Tag im Knast besuchen und einen knusprigen Döner mitbringen. Also wenn das kein Angebot ist!«

»Also gut, ich mach's! Seitdem ich als Auftragskiller arbeite, habe ich noch nie so ein verlockendes Angebot bekommen wie diesen Schwesternmord. Welche von den drei Nervensägen soll ich denn nun ausknipsen?«

»Danke, mein Sohn, so ein kleiner Ehrenmord für deinen Vater kann ja nun wirklich nicht schaden. Was deine Schwestern angeht, hast du die freie Wahl.«

»Mammaaaa, Vater ist nun völlig bekloppt geworden! Ich glaube, ihn hat die Vogelgrippe voll erwischt! Wir müssen ihn unbedingt in eine Zwangsjacke stecken.«

»Ich weiß, Mehmet! Mir geht er auch seit Tagen mit dieser Idee auf den Wecker. Er sucht nach Inspirationen, um endlich eine Geschichte zu schreiben, für die die Deutschen sich heutzutage wirklich interessieren. Er meint, ohne eine verkaufte Braut oder einen hübschen Ehrenmord kann er sein neues Buch gleich einstampfen lassen!«

Osman Engin im dtv

www.osmanengin.de

»Bei Engin bekommen alle ihr Fett weg und den Spiegel vorgehalten. Boshaft, kritisch, ironisch und witzig.«
Ramesch

Kanaken-Gandhi
Roman
ISBN 3-423-20476-1

»Engin erzählt in seinem ersten Roman in rasantem Tempo die aberwitzige Geschichte einer Abschiebung. Der ›Kanaken-Gandhi‹ beweist, dass Engins Humor langstreckentauglich ist.« (taz)

Oberkanakengeil
Geschichten aus dem deutschen Alltag
ISBN 3-423-20631-4

Irrwitzige Geschichten des ungeheuer integrationsversessenen türkischen Mitbürgers, der nun – ausgestattet mit seinem deutschen Pass – im kulturellen Durcheinander verzweifelt nach Gewissheiten sucht.

GötterRatte
Roman
ISBN 3-423-20708-6

Engin, Meister der politisch unkorrekten Satire und liebevoller Spötter, lässt in diesem Roman seinen gleichnamigen Helden in einem zwerchfell-erschütternden Beziehungsdrama auftreten.

Don Osman
Neue heimtückische Geschichten
ISBN 3-423-20799-X

Beobachtungen aus dem deutsch-türkischen Alltag in neuen »heimtückischen« Geschichten. »Lest ihn und versucht es besser zu machen!« (Robert Gernhardt)